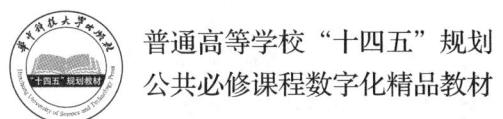 普通高等学校"十四五"规划
公共必修课程数字化精品教材

中华优秀经典选读

主　编◎胡泉雨　何　峰　汪雅乔

副主编◎包沁园　任国平　鲁　彦
　　　　鲁　羚　杨　静

编　委◎孙　燕

华中科技大学出版社
http://press.hust.edu.cn
中国·武汉

内 容 提 要

本书以经典选读为脉络,系统梳理中华优秀传统文化精髓。从《大学》的修身理念到《中庸》的处世智慧,精选《论语》《孟子》等典籍中关于为学、仁爱、孝悌、家国等主题的核心篇章。通过"经典选读＋现代阐释"的独特架构,既展现"仁者爱人""浩然正气"等思想穿越时空的永恒价值,又着力挖掘其在当代青年价值观塑造中的现实意义。全书注重理论深度与实践指导相结合,帮助读者在品读经典的过程中,筑牢文化根基,培育文化自信,让传统文化真正成为滋养心灵、启迪人生的精神源泉。

图书在版编目(CIP)数据

中华优秀经典选读 / 胡泉雨,何峰,汪雅乔主编. —武汉 : 华中科技大学出版社,2024.4
普通高等学校"十四五"规划公共必修课程数字化精品教材
ISBN 978-7-5772-0437-6

Ⅰ. ① 中…　Ⅱ. ① 胡…　② 何…　③ 汪…　Ⅲ. ① 中华文化－高等学校－教材
Ⅳ. ① K203

中国国家版本馆 CIP 数据核字(2024)第 081768 号

中华优秀经典选读
Zhonghua Youxiu Jingdian Xuandu

胡泉雨　何　峰　汪雅乔　主编

策划编辑：李承诚　刘　平
责任编辑：刘　平　王晓东
封面设计：廖亚萍
版式设计：赵慧萍
责任校对：余晓亮
责任监印：曾　婷
出版发行：华中科技大学出版社（中国·武汉）　　　电话：(027) 81321913
　　　　　武汉市东湖新技术开发区华工科技园　　　邮编：430223
录　排：华中科技大学出版社美编室
印　刷：武汉市洪林印务有限公司
开　本：787mm×1092mm　1/16
印　张：10.75
字　数：225 千字
版　次：2024 年 4 月第 1 版第 1 次印刷
定　价：49.80 元

中华优秀传统文化是中华民族的精神根脉，是涵养社会主义核心价值观的深厚沃土，更是当代大学生提升人文素养、塑造健全人格的必由之路。为践行高校文化育人使命，助力大学生系统研读、深度领悟中华经典精髓，我们倾力编撰了这本《中华优秀经典选读》，作为大学公共基础课程教材，为广大学子架起贯通古今的文化桥梁。

本教材秉持"由浅入深、知行合一"的编撰理念，以六大主题单元构建有机体系，既彰显经典文本的永恒价值，又契合大学生的认知特点与成长诉求。第一单元"徜徉大学 品读人生"，精选《大学之道》《劝学》等篇目，立足大学阶段的学习特质，引导学生把握治学与修身的统一，锚定人生坐标；第二单元"审视自我 彰显品格"，通过《逍遥游》《涉江》等经典，助力学生在自我观照中培育独立人格，淬炼坚韧旷达的精神品格；第三单元"青春飞扬 追求理想"，以《湘夫人》《香菱学诗》等作品点燃青春激情，传递矢志不渝的奋斗精神。第四单元"胸怀天下 使命担当"，聚焦《岳阳楼记》《报任安书》等名篇，让学生在体悟古人胸襟中唤醒当代青年的责任意识；第五单元"人伦亲情 赞美人生"，依托《郑伯克段于鄢》《祭十二郎文》等文本，引导学生触摸人性的温度，学会感恩与珍重；第六单元"诗意栖居 品味经典"，撷取《诗经》《春江花月夜》等千古绝唱，带领学生领略中华文艺的独特魅力，实现精神的升华。

本教材在篇目遴选上兼顾经典性与时代性，在内容设计上注重思想性与实践性。我们期待通过课堂研习与课外拓展，帮助学生积累文化知识，汲取精神养分，将传统文化精髓转化为成长动力，培育兼具文化底蕴与创新精神的新时代青年。

　　诚盼广大师生在使用过程中不吝赐教，共同完善教材内容，为传承中华优秀传统文化、培育时代新人贡献力量。

中华优秀经典选读

【目录】

中华优秀经典选读

第一单元
徜徉大学　品读人生

导读：

　　大学是每一位青年学子梦寐以求的地方，大学生活是人的一生中特别重要的时间段之一。大学是智慧的殿堂，大学时期是一个人一生中求知欲望最强、心智最开放的时期，在大学里，我们可以获得丰富的知识、聪明的才智、豁达的性情和宽广的胸怀。正如《礼记·大学》所言——"大学之道，在明明德，在亲民，在止于至善"。大学之道在于弘扬光明正大的品德，在于使人弃旧图新，在于使人达到最完善的境界。儒家强调的"大学"，是大人之学、是君子之学、是走向人生大道的学问，能开始研习"大学"，就意味着心理成人的开始，就要求着君子之德的遵守，就开启着光明大道的修行。

　　中国传统文化是中华民族长期生活实践活动中的历史积淀，是无数人用自身的终身感悟沉积下来的文化精髓，对人的生存和发展具有极大的积极指导意义，需要得到传承和发展。而作为社会上最具活力的大学生，既是先进文化的吸收者，也是中国未来的建设者。因此，大学生学习中国传统文化，意义重大。研修儒学典籍是一个循序渐进的过程，而循着《大学》研修的足迹，一步一个脚印，深入发展，必然能领略儒家经典的要义。

　　儒家文化内涵丰富思想深邃，提倡用世进取、兼济天下，讲究修齐治平，对社会的稳定和发展起着积极的影响。儒学具有重视气节、操守的传统，在特定的历史条件下，成为鼓舞人们自觉维护正义、忠于民族国家的精神力量。儒家文化博大精深，在中国源远流长，积淀深厚，彰显出鲜活的时代特色，为中华民族的生息、发展提供着丰厚的滋养。用儒家文化培育大学生，具有提升人生境界与弘扬传统文化的双重意义。

北宋思想家张载曾言："读古人书，求修身道；友天下士，谋救时方。为天地立心，为生民立命，为往圣继绝学，为万世开太平。"在当下，大学应该是青年学生成长路上的一次飞跃，一次领悟，徜徉大学，品味生活，思索人生，这才是大学生活。

　　作为担负着国家富强、民族振兴艰巨历史重任的当代大学生，只有认真加强自身修养，正确认识自我，不断克服自身的弱点和不足，逐步形成时代需要的价值观和优良品质，才能成为人格健全、灵魂高尚、意志坚定、具有强烈使命感和民族文化之根的合格人才。

第一课 大学·大学之道

【作者简介】

曾子（前505年—前435年），姓曾，名参，字子舆，春秋末年鲁国南武城（有山东平邑县和山东嘉祥县两说，尚无定论）人，是鄫国（缯国）太子巫的第五代孙。曾子性情沉静，举止稳重，为人谨慎，待人谦恭，以孝著称。他的著述有《大学》《孝经》等儒家经典，后世儒家尊他为"宗圣"。

《大学》原是《礼记》里的一篇，为《礼记》四十九篇中的第四十二篇。一般认为是孔子的弟子，春秋末年著名的思想家曾子所作，也有人认为是秦汉时的儒家作品，在宋代以前，《大学》在儒家思想学术中的地位并不是很突出，由于它论述了儒家为学治世的基本原理、原则、方针、步骤和方法等，所以中唐以后，逐渐受到儒家学者的重视。唐代韩愈、李翱始把它看作与《孟子》《易经》同样重要的"经书"。到北宋得到程颢、程颐竭力尊崇，南宋朱熹又作《大学章句》，《大学》成为儒家经典中重要的篇章。

【原文】

大学之道[1]，在明明德[2]，在亲民[3]，在止于[4]至善。知止[5]而后能定，定而后能静[6]，静而后能安[7]，安而后能虑[8]，虑而后能得[9]。物有本末，事有终始。知所先后，则近道矣。

古之欲明明德于天下者，先治其国；欲治其国者，先齐其家[10]；欲齐其家者，先修其身[11]；欲修其身者，先正其心；欲正其心者，先诚其意；欲诚其意者，先致其知[12]；致知在格物[13]。物格而后知至，知至而后意诚，意诚而后心正，心正而后身修，身修而后家齐，家齐而后国治，国治而后天下平。自天子以至于庶人[14]，壹是皆以修身为本[15]。其本乱而末[16]治者否矣。其所厚者薄[17]，而其所薄者厚[18]，未之有也[19]！

【注释】

[1] 大学之道：大学的宗旨，大学的最终目的。大学：在古代其含义有两种：

"博学"之态；与"小学"相对的"大人之学"。古代儿童八岁上小学，主要学习"洒扫、应对、进退、礼乐射御书数"之类的文化课和基本的礼节。十五岁后可进入大学，开始学习伦理、政治、哲学等"穷理正心，修己治人"的学问。两种含义虽有明显的区别之处，但都有"博学"之意。道：本指道路，在这里指的是在学习政治、哲学时所掌握的规律和原则。明明德：第一个"明"是动词，彰显、发扬之义。第二个"明"是形容词，含有高尚、光辉的意思。

〔2〕明明德：第一个"明"是动词，彰显、发扬之义。第二个"明"是形容词，含有高尚、光辉的意思。

〔3〕亲民：一说是"新民"，使人弃旧因新，弃恶扬善。引导、教化人民之意。

〔4〕止于：处在。

〔5〕知止：明确目标所在。

〔6〕静：心不妄动。

〔7〕安：所处而安。

〔8〕虑：处事精详。

〔9〕得：得到成果。

〔10〕齐其家：将自己家庭或家族的事务安排管理得井井有条，人与人之间的关系和谐，家业繁荣的意思。

〔11〕修其身：锻造、修炼自己的品行和人格。

〔12〕致其知：让自己得到知识和智慧。

〔13〕格物：研究、认识世间万物。

〔14〕庶人：普通百姓。

〔15〕壹是皆以修身为本：壹是，全部都是。本，本源、根本。

〔16〕末：与"本"相对，末节之义。

〔17〕厚者薄：该厚待的却怠慢。

〔18〕薄者厚：该怠慢的反倒厚待。

〔19〕未之有也：宾语前置句，"未有之也"。是说还不曾有过这样的做法或是事情。

【阅读提示】

《大学》原为《礼记》第42篇，宋朝程颢、程颐兄弟把它从《礼记》中抽出，编次章句。朱熹将《大学》《中庸》《论语》《孟子》合编注释，称为"四书"，从此《大学》成为儒家经典。至于《大学》的作者，程颢、程颐认为是"孔氏之遗言也"。朱熹把《大学》重新编排整理后，分为"经"一章，"传"十章，认为"经一章盖孔子之言，而曾子述之；其传十章，则曾子之意而门人记之也"。也就是说，"经"是孔子的话，由曾子记录下来；"传"是曾子解释"经"的话，由曾子的学生记录下来。

《大学》为"初学入德之门也",其"经"章提出了"明明德""亲民""止于至善"三条纲领,又提出了格物、致知、诚意、正心、修身、齐家、治国、平天下八个条目,作为实现三条纲领的途径。在八个条目中,修身是根本的条,"自天子以至于庶人,壹是皆以修身为本"。"传"十章分别用来解释明明德、亲民、止于至善、本末、格物致知、诚意、正心、修身、齐家、治国平天下。"明明德"是指弘扬光明正大的品德;"亲民"是指让人们革旧图新;"止于至善"是指要达到最好的境界;"本末"是指做事要分清主次,抓住根本;"格物致知"是指穷究事物的原理来获得知识;"诚意"就是"勿自欺",不要"掩其不善而著其善";"正心"就是端正自己的心思;"修身"就是加强自身修养,提高自身素质;"齐家"就是管理好自己的家庭、家族;"治国平天下"是谈治理国家的事。怎样治理国家呢?首先要做表率,自己讨厌的,不加给别人;要得众、慎得、生财、举贤。"得众则得国,失众则失国""有德此有人,有人此有土,有土此有财";要见贤能举,举而能先。《大学》是对儒家人格教育思想的系统总结。它以精辟的语言和严密的逻辑,建构了一个完整的"维护封建宗法制度的政治纲领以及儒家人生教育的道德程序"。

《大学》的版本主要有两个体系:一是经朱熹编排整理,划分为经、传的《大学章句》本;二是按原有次序排列的古本,即《礼记》中的《大学》原文。朱熹《大学章句》本流传最广,影响最大,我们这里就是采用的《大学章句》本。

【思考与探究】

1. 《大学》对我们今天的大学生有哪些启示?

2. 格物、致知、修身、齐家、治国平天下之间的关系是什么?应该如何处理好这些关系?

3. 在新的时代里,我们应该如何将儒家的教育思想发扬光大?

【相关资料链接】

大学问(节选)

王阳明

"《大学》者,昔儒以为大人之学矣。敢问大人之学何以在于明明德乎?"

阳明子曰:"大人者,以天地万物为一体者也。其视天下犹一家,中国犹一人焉。若夫间形骸而分尔我者,小人矣。大人之能以天地万物为一体也,非意之也,其心之仁本若是,其与天地万物而为一也。岂惟大人,虽小人之心亦莫不然,彼顾自小之耳。是故见孺子之入井，而必有怵惕恻隐之心焉，是其仁之与孺子而为一体也。孺子犹同类者也，见鸟兽之哀鸣觳觫，而必有不忍之心，是其仁之与鸟兽而为一体也。鸟兽犹有知觉者也，见草木之摧折而必有悯恤之心焉，是其仁之与草木而为一体也。草木犹有生意者也，见瓦石之毁坏而必有顾惜之心焉，是其仁之与瓦石而为一体也。是其一体之仁也，虽小人之心亦必有之。是乃根于天命之性，而自然灵昭不昧者也，是故谓之'明德'。小人之心既已分隔隘陋矣，而其一体之仁犹能不昧若此者，是其未动于欲，而未蔽于私之时也。及其动于欲，蔽于私，而利害相攻，忿怒相激，则将戕物圮类，无所不为，其甚至有骨肉相残者，而一体之仁亡矣。是故苟无私欲之蔽，则虽小人之心，而其一体之仁犹大人也；一有私欲之蔽，则虽大人之心，而其分隔隘陋犹小人矣。故夫为大人之学者，亦惟去其私欲之蔽，以自明其明德，复其天地万物一体之本然而已耳。非能于本体之外，而有所增益之也。"

第二课　劝　学

【作者简介】

荀子（约前313年—前238年），名况，战国后期赵国人，思想家、文学家。曾游学于齐、秦、楚诸国，先后在齐国为列大夫和祭酒、在楚国任兰陵令。著名学者韩非、李斯均是他的学生。《荀子》全书一共32篇，是他和弟子们整理或记录他人言行的文字，但其观点与荀子的一贯主张是一致的。荀子的文章擅长说理，组织严密，分析透辟，善于取譬，常用排比句增强议论的气势，语言富赡警炼，有很强的说服力和感染力。本文是荀子创作的一篇论说文，是《荀子》一书的首篇。文章较系统地论述了学习的理论和方法，分别从学习的重要性、学习的态度以及学习的内容和方法等方面，全面而深刻地论说了有关学习的问题。

【原文】

君子曰[1]：学不可以已[2]。

青，取之于蓝[3] 而青于蓝；冰，水为之而寒于水。木直中绳[4]，輮以为轮[5]，其曲中规[6]，虽有槁暴[7]，不复挺者[8]，輮使之然也。故木受绳则直[9]，金就砺则利[10]，君子博学而日参省乎己[11]，则知明而行无过矣[12]。

故不登高山，不知天之高也；不临深谿，不知地之厚也；不闻先王之遗言[13]，不知学问之大也。干、越、夷、貉之子[14]，生而同声，长而异俗，教使之然也。《诗》曰："嗟尔君子，无恒安息。靖共尔位，好是正直。神之听之，介尔景福[15]。"神莫大于化道，福莫长于无祸。

吾尝终日而思矣，不如须臾之所学也[16]；吾尝跂而望矣[17]，不如登高之博见也[18]。登高而招，臂非加长也，而见者远；顺风而呼，声非加疾也[19]，而闻者彰[20]。假舆马者[21]，非利足也[22]，而致千里；假舟楫者，非能水也[23]，而绝江河[24]。君子生非异也[25]，善假于物也。

南方有鸟焉，名曰蒙鸠[26]，以羽为巢，而编之以发，系之苇苕[27]。风至苕折，卵破子死。巢非不完也，所系者然也。西方有木焉，名曰射干[28]，茎长四寸，生于高山之上，而临百仞之渊。木茎非能长也，所立者然也。蓬生麻中，不扶而直；白沙在涅，与之俱黑[29]。兰槐之根是为芷[30]，其渐之滫[31]，君子不近，庶人不服[32]。其质非不美也，所渐者然也[33]。故君子居必择乡，游必就士，所以防邪辟而近中正也[34]。

物类之起，必有所始；荣辱之来，必象其德。肉腐出虫，鱼枯生蠹[35]；怠慢忘身，祸灾乃作。强自取柱[36]，柔自取束[37]。邪秽在身，怨之所构[38]。施薪若一，火就燥也；平地若一，水就湿也。草木畴生[39]，禽兽群焉，物各从其类也。是故质的张[40]而弓矢至焉，林木茂而斧斤至焉[41]，树成荫而众鸟息焉，醯酸[42]而蜹聚焉[43]。故言有召祸也，行有招辱也，君子慎其所立乎。

积土成山，风雨兴焉；积水成渊，蛟龙生焉；积善成德，而神明自得，圣心备焉。故不积跬步[44]，无以至千里；不积小流，无以成江海。骐骥一跃[45]，不能十步；驽马十驾[46]，功在不舍[47]。锲而舍之[48]，朽木不折；锲而不舍，金石可镂[49]。蚓无爪牙之利，筋骨之强，上食埃土，下饮黄泉，用心一也。蟹六跪而二螯[50]，非蛇鳝之穴无可寄托者，用心躁也。

是故无冥冥之志者[51]，无昭昭之明[52]；无惛惛之事者，无赫赫之功。行衢道者不至，事两君者不容。目不能两视而明，耳不能两听而聪。螣蛇无足而飞[53]，鼫鼠五技而穷[54]。《诗》曰："鸤鸠在桑，其子七兮。淑人君子，其仪一兮。其仪一兮，心如结兮[55]。"故君子结于一也[56]。

昔者瓠巴鼓瑟[57]而沈鱼出听[58]，伯牙鼓琴[59]而六马仰秣[60]。故声无小而不闻，行无隐而不形，玉在山而草木润，渊生珠而崖不枯[61]。为善不积邪[62]，安有不闻者乎？

学恶乎始？恶乎终？曰：其数则始乎诵经[63]，终乎读礼；其义则始乎为士，终乎为圣人。真积力久则入，学至乎没而后止也。故学数有终，若其义则不可须臾舍也。为之，人也；舍之，禽兽也。故《书》者，政事之纪也；《诗》者，中声之所止也；《礼》者，法之大分[64]，类之纲纪也。故学至乎《礼》而止矣。夫是之谓道德之极。《礼》之敬文也，《乐》之中和也，《诗》《书》之博也，《春秋》之微也，在天地之间者毕矣。

君子之学也，入乎耳，箸乎心，布乎四体，形乎动静，端而言，蝡而动[65]，一可以为法则；小人之学也，入乎耳，出乎口，口耳之间则四寸耳，曷足以美七尺之躯哉？古之学者为己，今之学者为人。君子之学也，以美其身；小人之学也，以为禽犊。故不问而告，谓之傲[66]；问一而告二，谓之囋[67]。傲，非也；囋，非也。君子如向矣[68]。

学莫便乎近其人。《礼》《乐》，法而不说，《诗》《书》，故而不切，《春秋》，约而不速。方其人之习君子之说[69]，则尊以遍矣，周于世矣。故曰：学莫便乎近其人。

学之经莫速乎好其人，隆礼次之。上不能好其人，下不能隆礼，安特将学杂识志顺《诗》《书》而已耳[70]？则末世穷年，不免为陋儒而已！将原先王，本仁义[71]，则礼正其经纬蹊径也[72]。若挈裘领[73]，诎五指而顿之[74]，顺者不可胜数也。不道礼宪[75]，以《诗》《书》为之，譬之犹以指测河也，以戈舂黍也[76]，以锥飡壶也[77]，不可以得之矣。故隆礼，虽未明，法士也；不隆礼，虽察辩，散儒也。

问楛者[78]，勿告也；告楛者，勿问也；说楛者，勿听也；有争气者[79]，勿与辩也。故必由其道至，然后接之，非其道则避之。故礼恭而后可与言道之方，辞顺而后可与言道之理，色从而后可与言道之致[80]。故未可与言而言谓之傲，可与言而不言谓之隐[81]，不观气色而言谓之瞽[82]。故君子不傲、不隐、不瞽，谨顺其身[83]。《诗》曰："匪交匪舒，天子所予[84]。"此之谓也。

百发失一，不足谓善射；千里跬步不至，不足谓善御；伦类不通[85]，仁义不一，不足谓善学。学也者，固学一之也。一出焉，一入焉，涂巷之人也。其善者少，不善者多，桀、纣、盗跖也[86]。全之尽之，然后学者也。

君子知夫不全不粹之不足以为美也，故诵数以贯之[87]，思索以通之，为其人以处之，除其害者以持养之，使目非是无欲见也[88]，使耳非是无欲闻也，使口非是无欲言也，使心非是无欲虑也，及至其致好之也，目好之五色，耳好之五声[89]，口好之五味[90]，心利之有天下。是故权利不能倾也，群众不能移也，天下不能荡也。生乎由是，死乎由是，夫是之谓德操。德操然后能定，能定然后能应[91]，能定能应，夫是之谓成人[92]。天见其明，地见其光，君子贵其全也。

【注释】

[1] 君子：指有学问有修养的人。

[2] 学不可以已（yǐ）：学习不能停止。

[3] 青取之于蓝：靛青，从蓝草中取得。青，靛青，一种染料。蓝，蓼蓝，一年生草本植物，叶子含蓝汁，可以做蓝色染料。

[4] 中（zhòng）绳：（木材）合乎拉直的墨线。绳，墨线。

[5] 輮（róu）：通"煣"，古代用火烤使木条弯曲的一种工艺。

[6] 规：圆规，画圆的工具。

[7] 虽有（yòu）槁暴（pù）：即使又晒干了。有，通"又"。槁，枯。暴，同"曝"，晒干。

[8] 挺：直。

[9] 受绳：用墨线量过。

[10] 金：指金属制的刀剑等。就砺：拿到磨刀石上去磨。砺，磨刀石。就，动词，接近，靠近。

[11] 博学：广泛地学习。日参（cān）省（xǐng）乎己：每天对照反省自己。参，一译检验，检查；二译同"叁"，多次。省，省察。乎，介词，于。日，每天。

[12] 知（zhì）：通"智"，智慧。明：明达。行无过：行为没有过错。

[13] 遗言：犹古训。

[14] 干（hán）：同"邗"，古国名，在今江苏扬州东北，春秋时被吴国所灭

而成为吴邑，此指代吴国。夷：中国古代居住在东部的民族。貉（mò）：通"貊"，中国古代居住在东北部的民族。

[15] "嗟尔君子"六句：引诗见《诗经·小雅·小明》。靖，安。共，通"供"。介，给予。景，大。

[16] 须臾（yú）：片刻，一会儿。

[17] 跂（qǐ）：踮起脚后跟。

[18] 博见：看见的范围广，见得广。

[19] 疾：声音宏大。

[20] 彰：明显，清楚。这里指听得更清楚。

[21] 假：凭借，利用。舆：车厢，这里指车。

[22] 利足：脚走得快。

[23] 水：游泳。

[24] 绝：横渡。

[25] 生（xìng）非异：本性（同一般人）没有差别。生，通"性"，天赋，资质。

[26] 蒙鸠：鹪鹩，俗称黄脰鸟，又称巧妇鸟，全身灰色，有斑，常取茅苇一毛一羽为巢。

[27] 苕（tiáo）：芦苇的花穗。

[28] 射（yè）干：又名乌扇，一种草本植物，根入药，茎细长，多生于山崖之间，形似树木，所以荀子称它为"木"，其实是一种草。一说"木"为"草"字之误。

[29] "蓬生麻中"四句：草长在麻地里，不用扶持也能挺立住，白沙混进了黑土里，就会变得和土一样黑。比喻生活在好的环境里，也能成为好人。蓬，蓬草。麻，麻丛。涅，黑色染料。《集解》无"白沙在涅与之俱黑"八字，据《尚书·洪范》"时人斯其惟皇之极"《正义》引文补。

[30] 兰槐：香草名，又叫白芷，开白花，味香。古人称其苗为"兰"，称其根为"芷"。

[31] 渐（jiān）：浸。滫（xiǔ）：泔水，已酸臭的淘米水。此引为脏水、臭水。

[32] 服：穿戴。

[33] 所渐者然也：被熏陶、影响的情况就是这样的。然，这样。

[34] 邪僻：品行不端的人。中正：正直之士。

[35] 蠹（dù）：蛀蚀器物的虫子。

[36] 强自取柱：谓物性过硬则反易折断。柱，通"祝"（王引之说），折断。《大戴礼记·劝学》作"折"。

[37] 柔自取束：柔弱的东西自己导致约束。

[38] 构：结，造成。

［39］畴：通"俦"，类。

［40］质：箭靶。的（dì）：箭靶的中心。

［41］斤：斧子。

［42］醯（xī）：本义指醋。

［43］蜹（ruì）：飞虫名，属蚊类。

［44］跬（kuǐ）：行走时两脚之间的距离，等于现在所说的一步、古人所说的半步。步：古人说一步，指左右脚都向前迈一次的距离，等于现在的两步。

［45］骐（qí）骥（jì）：骏马，千里马。

［46］驽马十驾：劣马拉车连走十天也能到达。驽马，劣马。驾，古代马拉车时，早晨套一上车，晚上卸去。套车叫驾，所以这里用"驾"指代马车一天的行程。十驾就是套十次车，指十天的行程。此指千里的路程。

［47］舍：舍弃。指不放弃行路。

［48］锲（qiè）：用刀雕刻。

［49］镂（lòu）：原指在金属上雕刻，泛指雕刻。

［50］蟹六跪而二螯（áo）：螃蟹有六只爪子，两个钳子。六跪，六条腿。蟹实际上是八条腿。跪，蟹脚。一说，海蟹后面的两条腿只能划水，不能用来走路或自卫，所以不能算在"跪"里面。螯，螃蟹等节肢动物身前的大爪，形如钳。

［51］冥冥：昏暗不明的样子，形容专心致志、埋头苦干。下文"惛惛"与此同义。

［52］昭昭：明白的样子。

［53］螣（téng）蛇：古代传说中的一种能飞的神蛇。

［54］鼫（shí）鼠：原作"梧鼠"，据《大戴礼记·劝学》改。鼫鼠能飞但不能飞上屋面，能爬树但不能爬到树梢，能游泳但不能渡过山谷，能挖洞但不能藏身，能奔跑但不能追过人，所以说它"五技而穷"。穷：窘困。

［55］"鸤鸠在桑"六句：引诗见《诗经·曹风·鸤鸠》。仪，通"义"。

［56］结：结聚不散开，比喻专心一致，坚定不移。

［57］瓠（hù）巴：楚国人，善于弹瑟。

［58］沈：同"沉"。《集解》作"流"，据《大戴礼记·劝学》改。

［59］伯牙：古代善于弹琴的人。

［60］六马：古代天子之车驾用六匹马拉；此指拉车之马。仰秣：《淮南子·说山训》高诱注："仰秣，仰头吹吐，谓马笑也。"一说"秣"通"末"，头。

［61］崖：岸边。

［62］邪：同"耶"，疑问语气词。

［63］数：术，即方法、途径，引申为"科目"。

［64］大分：大的原则、界限。

［65］蝡（rú）：同"蠕"，微动。

［66］傲：浮躁。

［67］嗫：形容言语繁碎。

［68］向：通"响"，回音。

［69］方：通"仿"，仿效。

［70］顺：通"训"，解释词义。

［71］原、本：均作动词，指追溯本源。

［72］经纬：直线与横线，这里指道路。另辟蹊径：小路，这里泛指道路。

［73］挈：提，拎。裘：皮衣。

［74］诎：通"屈"，弯曲。顿：抖动，整理。

［75］道：由，遵。礼宪：礼法。

［76］舂：把谷类的皮捣掉。黍：黍子，谷类。

［77］飡："餐"，吃。壶：古代盛食物的器皿，这里指饭。

［78］楛：原指器物粗糙恶劣，这里是恶劣的意思，即指不合礼义。

［79］争气：指意气用事。

［80］致：极致，最高的境界。

［81］隐：有意隐瞒。

［82］瞽：盲目从事。

［83］谨顺其身：指君子谨慎修养自己，做到不傲、不隐、不瞽，待人接物恰到好处。

［84］"匪交匪舒"二句：语本《诗经·小雅·采菽》。匪，非，不。交，通"佼"，佼亟急躁。舒，缓，慢。予，通"与"，赞成。

［85］伦：与"类"同义，指类别。

［86］桀纣：夏朝和商朝的亡国之君。盗跖：古代一个名叫跖的大盗。

［87］数：数说，与"诵"意义相近。

［88］是：指合乎礼仪。

［89］五声：宫、商、角、徵、羽，这里指美妙的音乐。

［90］五味：甜、酸、苦、辣、咸，这里指美味。

［91］应：指对外界事物的应变能力。

［92］成人：全人，完美的人。

【阅读提示】

《劝学》作为《荀子》的开篇之作，是一篇论述学习的重要意义，劝导人们以正确的目的、态度和方法去学习的散文。文章以朴素的唯物主义为理论基础，旁征博引，娓娓说理，反映了先秦儒家在教育方面的某些正确观点，也体现了作为先秦诸子思想集大成者的荀子文章的艺术风格。

《劝学》是一篇说理性很强的文字，驾驭不好，是很容易正襟危坐，流于枯燥和单调的。但这篇文章却把深奥的道理寓于大量浅显贴切的比喻之中，运用比喻时手法又极其灵活自然，生动鲜明而绝无枯燥的学究气。值得指出的是，从内容上看，文中所用的喻体几乎都是常见的、易懂的，这些仿佛信手拈来的通俗明了的比喻，都会使人自然而然地联想到某些直观、浅近的形象事物，进而连类比物，启迪思考，接受作者所说的深刻道理。

从形式上看，《劝学》中的比喻灵巧多样、运用自如。所以文中用喻虽多，却无板滞生硬的感觉，相反，随着用比喻的连续转换和充分展开，形成整齐而又富于变化的句式，使文章显得错落有致，生气勃勃。

《劝学》在写作上的另一个特点是大量运用短句排比和正反对比。文章一开始就是一组排比："青，取之于蓝，而青于蓝；冰，水为之，而寒于水。"这样的排比句式在文中不胜枚举，既富于论辩色彩，又富有文学韵味，甚或有一种音乐的节奏感流动在其中。同样，在对比手法的运用上，《劝学》也很有特色。鲜明的对比，强烈的反衬，增强了说理的分量。

荀子的文章素有"诸子大成"的美称，铺陈扬厉，说理透辟；行文简洁，精练有味；警句迭出，耐人咀嚼。

【思考与探究】

1. 本文的论证方法有哪些独特之处？
2. 请讨论一下本文与荀子的"性恶说"有什么联系，荀子的观点有没有什么不足？

【相关资料链接】

资治通鉴·孙权劝学

初，权谓吕蒙曰："卿今当涂掌事，不可不学！"蒙辞以军中多务。权曰："孤岂欲卿治经为博士邪！但当涉猎，见往事耳。卿言多务，孰若孤？孤常读书，自以为大有所益。"蒙乃始就学。及鲁肃过寻阳，与蒙论议，大惊曰："卿今者才略，非复吴下阿蒙！"蒙曰："士别三日，即更刮目相待，大兄何见事之晚乎！"肃遂拜蒙母，结友而别。

第三课　礼记·学记（节选）

【作者介绍】

　　《礼记》是战国至秦汉年间儒家学者解释说明经书《仪礼》的文章选集，是一部儒家思想的资料汇编。《礼记》的作者不止一人，写作时间也有先有后，其中多数篇章可能是孔子的七十二名弟子及其学生们的作品，还兼收先秦的其他典籍。

　　《礼记》的内容主要是记载和论述先秦的礼制、礼仪，解释仪礼，记录孔子和弟子们的问答，记述修身做人的准则。《礼记》集中体现了先秦儒家的政治、哲学和伦理思想，是研究先秦社会的重要资料。

　　宋代的理学家选中《大学》《中庸》《论语》《孟子》，把他们合称为"四书"，《诗》《书》《礼》《易》《春秋》为五经，用来作为儒学的基础读物。

【原文】

　　玉不琢，不成器。人不学，不知道[1]。是故古之王者建国君民[2]，教学为先。《兑命》曰[3]："念终始典于学[4]。"其此之谓乎[5]？

　　虽有嘉肴[6]，弗食，不知其旨也[7]。虽有至道[8]，弗学，不知其善也。是故学然后知不足[9]，教然后知困[10]。知不足，然后能自反也[11]，知困，然后能自强也[12]。故曰"教学相长"也[13]。《兑命》曰："学学半[14]。"其此之谓乎？

　　古之教者，家有塾[15]，党有庠[16]，术有序[17]，国有学[18]。比年入[19]学，中年考校[20]。一年，视离经辨志[21]。三年，视敬业乐群[22]。五年，视博习亲师[23]。七年，视论学取友[24]，谓之小成。九年，知类通达[25]，强立而不反[26]，谓之大成。夫然后足以化民易俗，近者说服而远者怀之。此大学之道也[27]。《记》曰[28]："蛾子时术之[29]。"其此之谓乎？

　　大学始教，皮弁、祭菜[30]，示敬道也。《宵雅》肆三[31]，官其始也。入学鼓箧[32]，孙其业也[33]。夏、楚二物[34]，收其威也。未卜禘，不视学[35]，游其志也。时观而弗语[36]，存其心也。幼者听而弗问[37]，学不躐等也[38]。此七者，教之大伦也[39]。《记》曰："凡学，官先事[40]，士先志[41]。"其此之谓乎？

　　大学之教也，时教必有正业[42]，退息必有居学[43]；不学操缦[44]，不能安弦[45]；不学博依[46]，不能安诗[47]；不学杂服[48]，不能安礼；不兴其艺[49]，不能乐学。故君子之于学也，藏焉修焉[50]，息焉游焉[51]。夫然，故安其学而亲其师，乐其友而信其道，是以虽离师辅而不反也[52]。《兑命》曰："敬孙务时敏[53]，厥修乃来[54]。"其此之谓乎？

今之教者，呻其占毕[55]，多其讯[56]言，及于数[57]进而不顾其安[58]，使人不由其诚，教人不尽其材。其施之也悖[59]，其求之也佛[60]。夫然，故隐其学而疾其师[61]，苦其难而不知其益也。虽终其业，其去之必速[62]。教之不刑[63]，其此之由乎？

大学之法：禁于未发之谓豫[64]，当其可之谓时[65]，不陵节而施之谓孙[66]，相观而善之谓摩[67]。此四者，教之所由兴也。

发然后禁，则扞格而不胜[68]。时过然后学，则勤苦而难成。杂施而不孙，则坏乱而不修[69]。独学而无友，则孤陋而寡闻。燕朋逆其师[70]。燕辟废其学[71]。此六者，教之所由废也[72]。

君子既知教之所由兴，又知教之所由废，然后可以为人师也。故君子之教喻也[73]，道而弗牵[74]，强而弗抑[75]，开而弗达[76]。道而弗牵则和[77]，强而弗抑则易[78]，开而弗达则思[79]。和易以思，可谓善喻矣。

学者有四失，教者必知之。人之学也，或失则多[80]，或失则寡[81]，或失则易[82]，或失则止[83]。此四者，心之莫同也[84]。知其心，然后能救其失也[85]。教也者，长善而救其失者也。善歌者，使人继其声。善教者，使人继其志[86]。其言也约而达[87]，微而臧[88]，罕譬而喻[89]，可谓继志矣。

君子知至学之难易[90]，而知其美恶[91]，然后能博喻[92]；能博喻，然后能为师；能为师，然后能为长；能为长，然后能为君。故师也者，所以学为君也，是故择师不可不慎也。《记》曰："三王四代唯其师[93]。"此之谓乎？

凡学之道：严师为难[94]。师严，然后道尊[95]，道尊，然后民知敬学。是故君之所以不臣于其臣者二[96]：当其为尸[97]，则弗臣也；当其为师，则弗臣也。大学之礼[98]，虽诏于天子，无北面[99]，所以尊师也。

善学者，师逸而功倍，又从而庸之[100]。不善学者，师勤而功半，又从而怨之[101]。善问者如攻坚木，先其易者，后其节目[102]，及其久也，相说以解[103]。不善问者反此。善待问者如撞钟，叩之以小者则小鸣，叩之以大者则大鸣；待其从容[104]，然后尽其声。不善答问者反此。此皆进学之道也。

【注释】

[1] 道：指儒家之道。

[2] 建国君民：建立邦国，治理民众。

[3] 兑（yuè）命：《尚书·商书》中的一篇，今作悦命。兑，同"说"，指的是殷商时期的贤相傅说。命，《尚书》中的一种文章体裁，内容主要是君王任命官员或赏赐诸侯时发布的政令。

[4] 念终始典于学：要自始至终学习先王法典。

［5］其此之谓乎：大概说的就是这个道理吧。其，表示推测。

［6］虽：即使。嘉肴（yáo）：美味的菜。嘉，好、美。肴，用鱼、肉做的菜。

［7］弗：不。食：吃。旨：甘美。

［8］至道：最好的道理。至，达到极点。

［9］是故：所以。

［10］困：不通，理解不了。

［11］自反：反省自己。

［12］自强（qiǎng）：自我勉励。强，勉励。

［13］教（jiào）学相长（zhǎng）：意思是教和学互相促进。教别人，也能增长自己的学问。

［14］学学半：教人是学习的一半。

［15］塾：私塾。

［16］党：五百家为党。庠（xiáng）：设在党中的学校。

［17］术（suì）：通"遂"，一万两千五百家为遂。序：设在遂中的学校。

［18］学：设在国中的太学。

［19］比年：每年。

［20］中年：隔一年。

［21］一年：初入学一年之后。离经：明句读。辨志：析经义。

［22］敬业：专心学业，敬重师长。乐群：友善朋友，切磋共学。

［23］博习：广博学习。亲师：亲善师友。

［24］论学：讲论学说大义。取友：明白择取友人。

［25］知类：知义理事类。通达：通达无疑。

［26］强立而不反：特立独行，不违师教。强立，坚强的意志。

［27］大学：圣贤之学或成人之学。大，赞美词。

［28］记：书名。前人之记，具体无可考。

［29］蛾（yǐ）：通"蚁"。术：学习，效法。

［30］皮弁（biàn）：天子或士的礼服。

［31］宵雅：小雅。肄（yì）：诵习。

［32］箧（qiè）：竹箱。

［33］孙：同逊，顺，按次序。一说恭敬。

［34］夏（jiǎ）楚：体罚学生用的木条。夏，山榎。楚，荆条。收：约束。威：仪容举止。

［35］卜：占卜。禘（dì）：大祭。游：悠闲。

［36］观而弗语：此言教师对学生应时时观察而不"丁宁告语"。

［37］幼者听而弗问：此谓先生设席讲学时，有疑而问，则由长者，幼者只听勿问。

［38］躐（liè）：超越。

［39］伦：纲要。

［40］官先事：学为官者，先教以居官之事。

［41］士先志：学为士者，先教以为士之志。

［42］时教：适合于当时实际需要的教学。正业：正式的典籍。

［43］退息：离开学校时。居学：始终遵循不渝的学说和思想。

［44］操缦（màn）：弦上的基本操作方法。

［45］安弦：演奏乐章。

［46］博依：博喻，比兴之事。

［47］安：理解，创作。

［48］杂服：杂役，泛指洒扫、应对、事长、温清等种种礼仪规范。

［49］不兴：不喜欢。

［50］藏：内心情志。修：修习不废。

［51］息：退息不辍。游：交游不忘。

［52］师辅：师长和朋友。

［53］敬：专心。孙：通"逊"，顺，按次序。务：力求。时敏：及时领悟。

［54］厥：其。修：学业成就。

［55］呻其占（chān）毕：眼看简册，念念有词。占，通"觇"。

［56］多其讯：反复地询问。

［57］言及于数（cù）：解释很多很全面。数，繁密。

［58］安：安于义理之真，真理解，化为自己的思想情感。

［59］悖：悖谬，违背真理。

［60］佛：同"拂"，拂逆。

［61］隐其学：学术隐微而不显扬。

［62］去：遗忘，抛弃。

［63］刑：通"型"，显彰弘扬。

［64］豫：预先防患。

［65］时：及时，适时。

［66］陵节：超越等级。孙：通"逊"，符合程序，循序渐进。

［67］摩：揣摩，琢磨，取人之长。

［68］扞（hàn）格：抵触。胜：克服。

［69］修：整治。

［70］燕：玩、戏。逆：违背。

［71］燕辟（pì）：与坏朋友谈论邪僻之事。辟，邪僻。

［72］废：失败。

［73］喻：晓喻，开导。

［74］道（dǎo）：通"导"，诱导。

［75］强：劝勉，勉励。

[76] 开：指示门径。

[77] 和：融洽。

[78] 易：平易，不感困惑。

[79] 思：促进思考。

[80] 则：于。多：贪多求全，务为泛滥。

[81] 寡：孤陋寡闻，思路不开。

[82] 易：漫易轻忽。

[83] 止：故步自封。

[84] 心：心意，心情。

[85] 救：帮助克服。

[86] 继其志：继承发扬其志趣。

[87] 约而达：简约而显达。

[88] 微而臧：含蓄而深长。

[89] 罕：少。

[90] 至学之难易：最高境界的难与易。

[91] 美恶：资质才能的差异。

[92] 博喻：针对学生个性实际采用多种教育方法。

[93] 三王：夏、商、周三朝的开国君主。四代：虞、夏、商、周。

[94] 严：尊敬。

[95] 道尊：师所传之道才能受人尊重和相信。

[96] 不臣：不把他当作臣看待。

[97] 尸：古时代表死者受祭祀的人，祭主。

[98] 大学之礼：太学里面的礼法。

[99] 无北面：古时天子上朝面南而坐，臣子北面而朝。若天子到学校向老师请教，则面东，教师面西，不以臣子相待，以表示尊师重道。

[100] 庸之：归功于他。

[101] 怨之：怨恨于他。

[102] 节目：木竹之关节，较坚硬。

[103] 说（yuè）：同"悦"，愉悦，一说同"脱"，脱离。

[104] 从容：一舂（击）一容，其声方尽。

【阅读提示】

《学记》是我国最早的一部关于教育、教学的论著，也是世界教育史上早期的教育专著之一，是《礼记》中的一篇，约成于战国后期或末期。全文共 1200 多字，内容丰富，论述十分深刻而精辟，是当时的教育理论和教育经验之作。

本文从中节选了五个段落。第一个段落论述了学习的重要性；第二个段落论述了古人受教的基本途径；第三个段落讲了大学之教的原则；第四个段落谈大学之法的"四兴六废"；第五段论述要尊师重教。从中我们大致可以看出秦汉时期，教育问题已经得到足够的重视和研究，其中许多观点对于今天仍然具有十分重要的意义。

《学记》的段落之间，联系并不十分紧密，每个段落可以自成一体，论述一个独立的观点（分论点），而整体上则论述了教育的重要性这一中心。作者在论述的时候，采用对比的方法，一正一反，论述充分有力。

本文言简意赅，为后代留下了很多教育方面的重要经验，也为我们留下了很多意味隽永的经典名句，例如"玉不琢，不成器""教学相长""尊师重道"等。另外，该文善用比喻论证，使道理清楚，形象贴切，便于记诵。

【思考与探究】

1. 本文中我们可以看到学习中"师"与"友"起到了什么作用？
2. 为何中国传统教育思想中强调"师严"？

【相关资料链接】

孟子论教育

一

孟子曰："君子之所以教者五：有如时雨化之者，有成德者，有达财者，有答问者，有私淑艾者。此五者，君子之所以教也。"（《孟子·尽心上》）

二

孟子曰："教亦多术矣。予不屑之教诲也者，是亦教诲之而已矣。"（《孟子·告子下》）

第四课　进　学　解

【作者简介】

韩愈（768年—824年），字退之，河南河阳（今河南孟州）人。自称"郡望昌黎"，世称"韩昌黎""昌黎先生"。唐代杰出的文学家、思想家、哲学家、政治家。

贞元八年（792年），韩愈登进士第，两任节度推官，累官监察御史。后因论事而被贬阳山，历都官员外郎、史馆修撰、中书舍人等职。长庆四年（824年），韩愈病逝，年五十七，追赠礼部尚书，谥号"文"，故称"韩文公"。

韩愈是唐代古文运动的倡导者，被后人尊为"唐宋八大家"之首，与柳宗元并称"韩柳"，有"文章巨公"和"百代文宗"之名。后人将其与柳宗元、欧阳修和苏轼合称"千古文章四大家"。他提出的"文道合一""气盛言宜""务去陈言""文从字顺"等散文的写作理论，对后人很有指导意义。著有《韩昌黎集》等。

【原文】

国子先生晨入太学，招诸生立馆下，诲之曰[1]："业精于勤，荒于嬉；行成于思，毁于随[2]。方今圣贤相逢，治具毕张[3]。拔去凶邪，登崇俊良[4]。占小善者率以录，名一艺者无不庸[5]。爬罗剔抉，刮垢磨光[6]。盖有幸而获选，孰云多而不扬[7]？诸生业患不能精，无患有司之不明[8]；行患不能成，无患有司之不公。"

言未既，有笑于列者曰[9]："先生欺余哉！弟子事先生于兹有年矣[10]。先生口不绝吟于六艺之文，手不停披于百家之编[11]；记事者必提其要，纂言者必钩其玄[12]；贪多务得，细大不捐[13]；焚膏油以继晷，恒兀兀以穷年[14]：先生之业，可谓勤矣！觝排异端，攘斥佛老[15]；补苴罅漏，张皇幽眇[16]，寻坠绪之茫茫，独旁搜而远绍[17]；障百川而东之，回狂澜于既倒[18]：先生之于儒，可谓有劳矣[19]！沉浸醲郁，含英咀华[20]；作为文章，其书满家[21]；上规姚姒，浑浑无涯[22]。周诰殷盘，佶屈聱牙[23]；《春秋》谨严，左氏浮夸[24]；《易》奇而法，《诗》正而葩[25]；下逮《庄》《骚》，太史所录[26]；子云相如，同工异曲[27]：先生之于文，可谓闳其中而肆其外矣[28]！少始知学，勇于敢为[29]；长通于方，左右具宜[30]：先生之于为人，可谓成矣[31]！然而公不见信于人，私不见助于友[32]；跋前踬后[33]，动辄得咎！暂为御史，遂窜南夷[34]；三年博士，冗不见治[35]；命与仇谋，取败几时[36]；冬暖而儿号寒，年丰而妻啼饥！头童齿豁，竟死何裨[37]？不知虑此，反教人为[38]！"

先生曰："吁！子来前[39]！夫大木为杗，细木为桷，欂栌侏儒，椳阒扂楔，各得其宜，施以成室者，匠氏之功也[40]。玉札丹砂，赤箭青芝，牛溲马勃，败鼓之皮，俱收并蓄，待用无遗者，医师之良也[41]。登明选公，杂进巧拙，纡余为妍，卓荦为杰，校短量长，惟器是适者，宰相之方也[42]。昔者孟轲好辩，孔道以明，辙环天下，卒老于行[43]；荀卿守正，大论是弘，逃谗于楚，废死兰陵[44]。是二儒者，吐辞为经，举足为法，绝类离伦，优入圣域，其遇于世何如也[45]？今先生学虽勤而不繇其统，言虽多而不要其中，文虽奇而不济于用，行虽修而不显于众[46]。犹且月费俸钱，岁靡廪粟；子不知耕，妇不知织；乘马从徒，安坐而食[47]，踵常途之役役，窥陈编以盗窃[48]！然而圣主不加诛，宰臣不见斥，兹非其幸欤？动而得谤，名亦随之；投闲置散，乃分之宜，若夫商财贿之有无，计班资之崇庳[49]，忘己量之所称，指前人之瑕疵[50]，是所谓诘匠氏之不以杙为楹，而訾医师以昌阳引年，欲进其豨苓也[51]。"

【注释】

[1] 国子先生：韩愈自称，唐宪宗时期曾任国子博士。唐朝时，国子监是设在京都的最高学府，下面有国子学、太学等七学，各学置博士为教授官。国子学是为高级官员子弟而设的。太学：这里指国子监。唐朝国子监相当于汉朝的太学，古时对官署的称呼常有沿用前代旧称的习惯。

[2] 嬉：戏乐，游玩。随：因循随俗。

[3] 治具：治理的工具，主要指法令。《史记·酷吏列传》："法令者，治之具。"毕：全部。张：指建立、确立。

[4] 俊：才智出众。

[5] 率：都。庸：通"用"，采用、录用。

[6] 爬罗剔抉：意指仔细搜罗人才。爬罗，爬梳搜罗。剔抉，剔除挑选。刮垢磨光：刮去污垢，磨出光亮；意指精心造就人才。

[7] 孰云多而不扬：谁说有才能的人多了，就出头不易呢？！

[8] 有司：负有专责的部门及其官吏。

[9] 言未既：话没有说完。既，完，尽。列：队列，这里指诸生的行列。

[10] 有年：多年。

[11] 口不绝吟：口里不断诵读。六艺：指儒家六经，即《诗》《书》《礼》《乐》《易》《春秋》六部儒家经典。百家之编：指儒家经典以外各学派的著作。《汉书·艺文志》把儒家经典列入《六艺略》中，另外在《诸子略》中著录先秦至汉初各学派的著作——"凡诸子百八十九家，四千三百二十四篇。"春秋战国时

期，各种学派兴起，著书立说，故有"百家争鸣"之称。披：分开，这里指翻阅。编：本指穿连竹简的绳子，这里指书籍、著作。

[12] 纂（zuǎn）：编集。纂言者，指言论集、理论著作。

[13] 贪多务得：贪图多学，务求有收获。捐：放弃。

[14] 膏油：油脂，指灯烛。晷（guǐ）：日影。恒：经常。兀（wù）兀：辛勤不懈的样子。穷：终、尽。

[15] 异端：儒家称儒家以外的学说、学派为异端。《论语·为政》："攻乎异端，斯害也已。"朱熹集注："异端，非圣人之道，而别为一端，如杨、墨是也。"焦循补疏："异端者，各为一端，彼此互异。"攘（rǎng）：排除。老：老子，道家的创始人，这里借指道家。

[16] 苴（jū）：鞋底中垫的草，这里作动词用，是填补的意思。罅（xià）：裂缝。皇：大。幽：深。眇：微小。

[17] 坠：衰落。绪：前人留下的事业，这里指儒家的道统。韩愈《原道》认为，儒家之道从尧舜传到孔子、孟轲，以后就失传了，而他以继承这个传统自居。茫茫：远貌。绍：继承。

[18] 障：防堵。东之：使之东流。这里指阻挡百川水势乱流，使它们向东流去。

[19] 劳：功劳。

[20] 沉浸醲（nóng）郁：沉浸在内容醇厚的古籍中。含英咀华：细嚼体味文章的精华。英、华：都是花的意思，这里指文章中的精华。

[21] 满家：形容著作很多。

[22] 姚姒（sì）：《尚书》中的《虞书》《夏书》。姚，虞舜的姓；姒，夏禹的姓。浑浑无涯：指内容深远而没有边际。浑浑，广大深厚的样子。

[23] 周诰（gào）：《周书》。殷盘：《商书》。佶（jí）屈聱（áo）牙：文句艰涩生硬，念起来不顺口。佶屈，屈曲的样子，引申为不通顺；聱牙，文句艰涩，念起来不顺口。

[24] 奇：奇妙，指卦的变化而言。法：法则，指它的内在规律而言。

[25] 正而葩（pā）：内容纯正言词华美。

[26] 太史所录：指司马迁所写的《史记》。

[27] 子云相如：扬雄和司马相如。同工异曲：比喻文章不同却同样精妙。

[28] 闳（hóng）其中而肆其外：内容广博而言辞恣肆奔放。

[29] 少始知学，勇于敢为：年轻时刚懂得学习，就敢作敢为。

[30] 方：方术，道理。左右：各方面。具：全部。

[31] 成：完备。

[32] 见信、见助：被信任、被帮助。"见"在动词前表示被动。

[33] 跋（bá）：踩。踬（zhì）：绊。语出《诗经·豳风·狼跋》："狼跋其胡，载疐其尾。"意思是说，狼向前走就踩着颌下的悬肉（胡），后退就绊倒在尾巴上。

辄：常常。

[34] 窜：窜逐，贬谪。南夷：韩愈于贞元十八年（802年）授四门博士，次年转监察御史，冬，上书论宫市之弊，触怒德宗，被贬为连州阳山令。阳山在今广东，故称南夷。

[35] 三年博士：韩愈曾在唐宪宗元和元年（806年）六月至元和四年（809年）任国子博士。一说"三年"当作"三为"。冗（rǒng）：闲散之意。见：通"现"，表现，显露。

[36] 几时：不时，不一定什么时候，也即随时。

[37] 头童齿豁：头颓齿落。山无草木称为童山，头童即头上无发。齿豁，牙齿脱落，齿列露出豁口。裨（bì）：补益。

[38] 为：语气助词，表示疑问、反诘。

[39] 吁（xū）：叹词。

[40] 亲（máng）：屋梁。桷（jué）：屋椽。樽栌（bó lú），斗栱，柱顶上承托栋梁的方木。侏（zhū）儒：梁上短柱。椳（wēi）：门枢臼。闑（niè）：门中央所竖的短木，在两扇门相交处。扂（diàn）：门闩之类。楔（xiē）：门两旁长木柱。

[41] 玉札：地榆。丹砂：朱砂。赤箭：天麻。青兰：龙兰。这四种都是名贵药材。牛溲（sōu）：牛尿，一说为车前草。马勃：马屁菌。这两种及"败鼓之皮"都是贱价药材。

[42] 纡（yū）余：委婉从容的样子。妍：美。卓荦（luò）：突出，超群出众。校（jiào）：比较。

[43] 孟轲好辩：《孟子·滕文公下》载，孟子有好辩的名声，他说："予岂好辩哉！予不得已也。"意思是说，自己因为捍卫圣道，不得不展开辩论。辙（zhé）：车轮痕迹。

[44] 荀卿：指荀况，战国后期儒家大师，时人尊称为卿。曾在齐国做祭酒，被人谗毁，逃到楚国。楚国春申君任他做兰陵（今属山东临沂）令。春申君死后，他也被废，死在兰陵，著有《荀子》。

[45] 离、绝：都是超越的意思。伦、类：都是"类"的意思，指一般人。

[46] 繇（yóu）：通"由"。

[47] 糜（mí）：浪费，消耗。廪（lǐn）：粮仓。

[48] 踵（zhǒng）：脚后跟，这里是跟随的意思。促促：拘谨局促的样子。一说当作"役役"，指劳苦。窥：从小孔、缝隙或隐僻处察看。陈编：古旧的书籍。

[49] 财贿：财物，这里指俸禄。班资：等级、资格。庳（bēi）：通"卑"，低。前人：指职位在自己前列的人。

[50] 瑕（xiá）：玉石上的斑点。疵（cī）：病。瑕疵，比喻人的缺点。如上文所说"不公""不明"。

[51] 杙（yì）：小木桩。楹（yíng）：柱子。訾（zǐ）：毁谤非议。昌阳：菖蒲。药材名，相传久服可以长寿。豨（xī）苓：又名猪苓，利尿药。这句意思是

说，自己小材不宜大用，不应计较待遇的多少、高低，不用担心主管部门的官吏不公正。

【阅读提示】

韩愈《进学解》作于唐宪宗元和八年（813 年）。是年韩愈 46 岁，在长安任国子学博士，教授生徒。进学，意谓勉励生徒刻苦学习，求取进步。解，解说，分析。全文假托先生劝学、生徒质问、先生再予解答，故名《进学解》，实际上是感叹不遇、自抒愤懑之作。

《进学解》表现了封建时代正直而有才华、有抱负的知识分子的苦闷，批判了不合理的社会现象，具有典型意义，故而传诵不绝。

第一段先生之言正是一位教师对弟子的谆谆教诲和殷切希望。第二段先大段叙写先生之能，浩瀚奔放；再以寥寥数语写其不遇之状，语气强烈。其间自然形成大幅度的转折，而全段总的气势是酣畅淋漓的。第三段则平和谦退，似乎火气消尽；而细味之下，又感到有辛酸、无奈、愤懑、嘲讽种种情绪包孕其中，其文气与第二段形成对比。又如通篇使人悲慨，使人深思，但有的地方又似有谐趣。总之，全文结构虽简单，但其内在的气势、意趣却多变化，耐咀嚼。它之所以使人感到新鲜，又与其语言的形象、新颖有关。如以"口不绝吟""手不停披"状先生之勤学，以"踵常途之促促，窥陈编以盗窃"形容其碌碌无为，以"爬罗剔抉，刮垢磨光"写选拔培育人才等等，不但化抽象为具体，而且其形象都自出机杼。又如"业精于勤，荒于嬉；行成于思，毁于随"等，将丰富的人生体验提炼为短句，发人深省，有如格言。在一篇不长的文章中，此类具有独创性的语句却如此之多，实在使人不能不惊叹作者在文学语言方面的创造能力。此外，本文文体系沿袭扬雄《解嘲》，采押韵的赋体，又大量使用整齐排比的句式，读来声韵铿锵，朗朗上口，也增加了其艺术魅力。

【思考与探究】

1. 本文是如何反话正说、巧于避忌，而又语言表达机智得体的？
2. 作者的读书之法有哪些值得借鉴之处？

【相关资料链接】

答韦中立论师道书（节选）

二十一日，宗元白：辱书云欲相师，仆道不笃，业甚浅近，环顾其中，未见可师者。虽常好言论，为文章，甚不自是也。不意吾子自京师来蛮夷间，乃幸见取。仆自卜固无取，假令有取，亦不敢为人师。为众人师且不敢，况敢为吾子师乎？

孟子称"人之患在好为人师"，由魏、晋氏以下，人益不事师。今之世不闻有师，有辄哗笑之，以为狂人。独韩愈奋不顾流俗，犯笑侮，收召后学，作《师说》，因抗颜而为师。世果群怪聚骂，指目牵引，而增与为言辞。愈以是得狂名，居长安，炊不暇熟，又挈挈而东，如是者数矣。屈子赋曰："邑犬群吠，吠所怪也。"仆往闻庸蜀之南，恒雨少日，日出则犬吠，余以为过言。前六七年，仆来南，二年冬，幸大雪，逾岭被南越中数州，数州之犬皆苍黄吠噬，狂走者累日，至无雪乃已，然后始信前所闻者。今韩愈既自以为蜀之日，而吾子又欲使吾为越之雪，不以病乎？非独见病，亦以病吾子。然雪与日岂有过哉？顾吠者，犬耳。度今天下不吠者几人，而谁敢衒怪于群目，以召闹取怒乎？

仆自谪过以来，益少志虑。居南中九年，增脚气病，渐不喜闹，岂可使咄咄者早暮咈吾耳、骚吾心？则固僵仆烦愦，愈不可过矣。平居望外，遭齿舌不少，独欠为人师耳。

第五课　送东阳马生序[1]

【作者简介】

宋濂（1310 年—1381 年）字景濂，号潜溪，浦江（今属浙江）人。明初文学家。与刘基、高启并称为"明初诗文三大家"，为明代"开国文臣之首"。

宋濂家境贫寒，但自幼好学，曾受业于元末古文大家吴莱、柳贯黄等。他一生刻苦学习，"自少至老，未尝一日去书卷，于学无所不通"。元朝末年，元顺帝曾召他为翰林院编修，他以奉养父母为由，辞不应召，修道著书。至正二十年（1360 年），与刘基、章溢、叶琛同受朱元璋礼聘，尊为"五经"师。洪武初主修《元史》，为总裁官，官至学士承旨、知制诰。后因牵涉胡惟庸案，谪茂州，中途病死。著作有《宋学士文集》《孝经新说》《送东阳马生序》等。

【原文】

余幼时即嗜学[2]。家贫，无从致书以观[3]，每假借于藏书之家[4]，手自笔录，计日以还。天大寒，砚冰坚，手指不可屈伸，弗之怠[5]。录毕，走送之[6]，不敢稍逾约[7]。以是人多以书假余，余因得遍观群书。既加冠[8]，益慕圣贤之道[9]，又患无硕师名人与游[10]，尝趋百里外[11]，从乡之先达执经叩问[12]。先达德隆望尊，门人弟子填其室，未尝稍降辞色[13]。余立侍左右，援疑质理[14]，俯身倾耳以请；或遇其叱咄[15]，色愈恭，礼愈至，不敢出一言以复；俟其欣悦[16]，则又请焉。故余虽愚，卒获有所闻[17]。

当余之从师也，负箧曳屣[18]，行深山巨谷中，穷冬烈风[19]，大雪深数尺，足肤皲裂而不知[20]。至舍，四支僵劲不能动[21]，媵人持汤沃灌[22]，以衾拥覆[23]，久而乃和。寓逆旅[24]，主人日再食[25]，无鲜肥滋味之享。同舍生皆被绮绣[26]，戴朱缨宝饰之帽[27]，腰白玉之环[28]，左佩刀，右备容臭[29]，烨然若神人[30]。余则缊袍弊衣处其间[31]，略无慕艳意，以中有足乐者，不知口体之奉不若人也。盖余之勤且艰若此。

今虽耄老[32]，未有所成，犹幸预君子之列[33]，而承天子之宠光，缀公卿之后[34]，日侍坐备顾问，四海亦谬称其氏名[35]，况才之过于余者乎？

今诸生学于太学[36]，县官日有廪稍之供[37]，父母岁有裘葛之遗[38]，无冻馁之患矣；坐大厦之下而诵诗书，无奔走之劳矣；有司业、博士为之师[39]，未有问而不告、求而不得者也。凡所宜有之书，皆集于此，不必若余之手录、假诸人而后见也。其业有不精、德有不成者，非天质之卑^[40]，则心不若余之专耳，岂他人之过哉！

东阳马生君则，在太学已二年，流辈甚称其贤^[41]。余朝京师^[42]，生以乡人子谒余^[43]，撰长书以为贽^[44]，辞甚畅达；与之论辨^[45]，言和而色夷^[46]。自谓少时用心于学甚劳，是可谓善学者矣。其将归见其亲也^[47]，余故道为学之难以告之。谓余勉乡人以学者，余之志也^[48]；诋我夸际遇之盛而骄乡人者^[49]，岂知予者哉！

【注释】

[1] 东阳：今浙江东阳市，当时与潜溪同属金华府。马生：姓马的太学生，即文中的马君则。序：文体名，有书序、赠序二种，本篇为赠序。

[2] 余：我。嗜（shì）学：爱好读书。

[3] 致：得到。

[4] 假借：借。

[5] 弗之怠：即"弗怠之"，不懈怠，不放松抄录书。弗，不。之，指代抄书。

[6] 走：跑。

[7] 逾约：超过约定的期限。

[8] 既：已经，到了。加冠：古代男子到二十岁时，举行加冠（束发戴帽）仪式，表示已成年。

[9] 圣贤之道：指孔孟儒家的道统。宋濂是一个主张仁义道德的理学家，所以十分推崇它。

[10] 硕师：学问渊博的老师。游：交游。

[11] 尝：曾。趋：奔赴。

[12] 乡之先达：当地在道德学问上有名望的前辈。这里指浦江的柳贯、义乌的黄溍等古文家。执经叩问：携带经书去请教。

[13] 稍降辞色：把言辞放委婉些，把脸色放温和些。辞色，言辞和脸色。

[14] 援疑质理：提出疑难，询问道理。

[15] 叱（chì）咄（duō）：训斥，呵责。

[16] 俟（sì）：等待。

[17] 卒：终于。

[18] 箧（qiè）：箱子。曳屣（yè xǐ）：拖着鞋子。

[19] 穷冬：隆冬。

[20] 皲（jūn）裂：皮肤因寒冷干燥而开裂。

[21] 僵劲：僵硬。

［22］媵（yìng）人：陪嫁的女子。这里指女仆。持汤沃灌：指拿热水喝或拿热水浸洗。汤：热水。沃灌：浇水洗。

［23］衾（qīn）：被子。

［24］逆旅：旅店。

［25］日再食：每日两餐。

［26］被（pī）绮绣：穿着华丽的绸缎衣服。被，同"披"。绮，有花纹的丝织品。

［27］朱缨宝饰：红穗子上穿有珠子等装饰品。

［28］腰白玉之环：腰间悬着白玉圈。

［29］容臭：香袋子。臭（xiù）：气味，这里指香气。

［30］烨（yè）然：光彩照人的样子。

［31］缊（yùn）袍：粗麻絮制作的袍子。弊衣：破衣。

［32］耄（mào）老：年老。八九十岁的人称耄。

［33］幸预：有幸参与。君子指有道德学问的读书人，另译指有官位的人。

［34］缀：这里意为"跟随"。

［35］谬称：不恰当的赞许。这是作者的谦词。

［36］诸生：指太学生。太学：明代中央政府设立的教育士人的学校，称作太学或国子监。

［37］县官：这里指朝廷。廪（lǐn）稍：当时政府免费供给的俸粮称"廪"或"稍"。

［38］裘（qiú）：皮衣。葛：夏布衣服。遗（wèi）：赠，这里指接济、给予。

［39］司业、博士：分别为太学的次长官和教授。

［40］非天质之卑：不是由于天资太低下。

［41］流辈：同辈。

［42］朝：旧时臣下朝见君主。宋濂写此文时，正值他从家乡到京城应天府（今江苏南京）见朱元璋。

［43］以乡人子：以同乡之子的身份。谒（yè）：拜见。

［44］撰（zhuàn）：写。长书：长信。贽（zhì）：古时初次拜见时所赠的礼物。

［45］辨：同辩。

［46］夷：平易。

［47］归见：回家探望。

［48］"谓余"二句：认为我是在勉励同乡人努力学习，这是说到了我的本意。

［49］诋（dǐ）：毁谤。际遇之盛：遭遇的得意，指得到皇帝的赏识重用。骄乡人：对同乡骄傲。

【阅读提示】

此篇赠序是宋濂写给他的同乡晚生马君则的。作者赠他这篇文章，是以勉励他勤奋学习，但意思却不直接说出，而是从自己的亲身经历和体会中引申而出，婉转含蓄，平易亲切，字里行间充满了一个硕德长者对晚生后辈的殷切期望，读来令人感动。

第一、二段写自己青少年时代求学的情形，着意突出其"勤且艰"的好学精神。分别从借书之难写自己学习条件的艰苦，从求师之难写虚心好学的必要，从生活条件之难写自己安于清贫，不慕富贵，最后总结由于自己不怕各种艰难，勤苦学习，所以终于学有所成。第三段紧承第一段，写当代太学生学习条件的优越，与作者青年时代求学的艰难形成鲜明的对照，从反面强调了勤苦学习的必要性。第四段明确写到马生，点明写序的目的，这就是"道为学之难"，"勉乡人以学者"。

文章浑然天成，内在结构十分严密紧凑。文章所赠送的对象是全篇之主体，却先从自己谈起，从容道来，由己及人，至最后才谈及赠送的对象。看似漫不经心，实则匠心独运。

【思考与探究】

1. 作者在写自己的清苦生活时，为什么要写同舍生奢华的生活？
2. 与作者当年的学习条件相比，今天的你有哪些优越的地方？说说当代大学生应该有怎样的苦乐观？

【相关资料链接】

古人刻苦求学的故事

一、凿壁偷光

匡衡，西汉经学家。家贫，他的邻居比较富裕，为了学习，匡衡便将墙壁掏个洞，引来邻居家的灯光读书。

二、囊萤映雪

晋代车胤家贫，没钱买灯油，而又想晚上读书，便在夏天晚上抓一把萤火虫来当灯读书；晋代孙康因为家贫没钱买灯油，晚上不能看书，一天外面下起了很大的雪，半夜梦醒，见一丝亮光从窗缝里钻进来，原来是大雪映出来的，他起身对着亮光看起书来。经过他夜夜刻苦努力，终于成为饱学之士。后人用"囊萤映雪"比喻家境贫苦，刻苦读书。

第二单元

审视自我　彰显品格

导读：

古人云，腹有诗书气自华。有文化才有底蕴，有底蕴才有底气，有底气做人做事才有灵气。经典诗文是中华文化的精华，是人类文明的积淀，是中华民族宝贵的精神财富。中国是一个有着五千年优秀文化积淀的文明古国，在灿若星河的历史长河中，孕育了不胜枚举的文化巨匠，他们用思想和智慧凝聚成一部部不朽的经典，弘扬和传承了中国最优秀的文化精髓，为我们留下了熠熠生辉的精神瑰宝。

古代的文人们虽然早已逝去，却留下的万古不朽的文章，除去这些精美的文辞和超凡的意境外，折射在我们面前的便是古代文人们的人格魅力。这就是经典的魅力所在，是它在作用着我们的心文以载道，经典诗文是中国优秀传统文化最好的载体。处世为人的哲学，修身、齐家、治国、平天下的道理都蕴含其中。

阅读经典，我们可以感受古人"天下为公"的理念、"宁为玉碎，不为瓦全"的风骨、"富贵不能淫，贫贱不能移，威武不能屈"的操守、"先天下之忧而忧，后天下之乐而乐"的胸怀、"位卑未敢忘忧国"的精神、"无为而无不为"的智慧、"己所不欲勿施于人"的道德原则、"地势坤，君子以厚德载物"的雅量、"高山流水"般的友谊、"见贤思齐""无欲则刚"的人生哲理等，可以说"修身、齐家、治国、平天下"的道理都蕴含其中。经典古诗文中这些积极的人生理念和道德精神，会对人的一生产生积极的影响。

学习中华传统文化不是简单的复古，而是为了学生素质的提高，是素质教育的有效手段。用经典来充实学生的心灵，让他们在潜移默化的熏陶中，奠定优秀人格的良好基础，才能更好地继承中国文化传统。大学时期是大学生品格形成与发展的重要阶段，品格培养是当前大学生素质教育不可忽视的问题，更是我国高等教育发展和社会发展的需要。正所谓"诗文明志"，学习古人的经典作品，让学生在作品中审视自我，感知古人的优秀品格，学生们在完善自身人格修养、提高文化品位的同时，也必将会自觉地承担起传承中华文明、弘扬民族精神、发展国家经济的历史重任。

　　中华传统文化浩如烟海，数不胜数，传统的经典诗文，穿越时空，却历久弥新，其语言表达的独特魅力，让学生在朗诵中既能感受其语言之美，又能感受到高尚情操的熏陶感染，不知不觉中丰富知识，陶冶情操，以中国文化为宝典，开启学生纯洁心灵，开发学生的心智，让学生在潜移默化中形成完美人格，继承中国优秀的文化传统，这是一项艰巨而伟大的育人工程。只要努力，中华古代的圣贤品格必将在一代又一代人身上复活，"天行健，君子以自强不息"的精神，必将在中华民族的伟大复兴中开花结果。

第一课　先秦诸子语录（节选）

【作者介绍】

"先秦"指秦始皇焚书之前的一段时间，史称东周之春秋战国。我国主要的学术思想都起源于这个时期。子，是当时对人的尊称，现在特指孔子、老子、庄子、墨子、孟子、荀子等人物。

"先秦诸子"是指春秋战国时期诸家学派的代表人物。他们来自社会的各个方面，虽然社会地位较低，但很多都是有思想和才能的人。由于出身不同，立场不同，他们著书立说，各成一家之言，出现了历史上有名的"百家争鸣"局面，形成了儒家、道家、法家、阴阳家等学派，后世称他们为"先秦诸子"。这些思想家的思想，对中华民族的性格和中华文化产生了巨大影响。这一时期，是我们民族思想发展的轴心时代，也是人类文明的黄金时代。

【原文】

子曰："君子食无求饱，居无求安，敏[1]于事而慎[2]于言。"（《论语·学而》）

子曰："富与贵，是人之所欲也，不以其道得之[3]，不处也。贫与贱，是人之所恶也。不以其道得之，不去[4]也。君子去仁，恶[5]乎成名？君子无终食之间[6]违仁，造次[7]必于是，颠沛必于是。"（《论语·里仁》）

子曰："巧言令色，鲜矣仁。"（《论语·学而》）

子曰："其身正，不令而行；其身不正，虽令不从。"（《论语·子路》）

庖[8]有肥肉，厩[9]有肥马，民有饥色，野有饿莩[10]，此率兽而食人也。兽相食，且人恶之；为民父母，行政，不免于率兽而食人，恶在其为民父母也？（《孟子·梁惠王上》）

居天下之广居，立天下之正位，行天下之大道。得志与民由之，不得志独行其道。富贵不能淫[11]，贫贱不能移[12]，威武不能屈[13]。此之谓大丈夫。（《孟子·滕文公下》）

生于忧患，死于安乐。（《孟子·告子下》）

宠辱若惊[14]，贵[15] 大患若身。何谓宠辱若惊？宠为下[16]，得之若惊，失之若惊，是谓宠辱若惊。何谓贵大患若身？吾所以有大患者，为吾有身；及[17] 吾无身，吾有何患？故贵[18] 以身为天下，若[19] 可寄天下；爱[20] 以身为天下，若可托天下。（《老子·十三章》）

天下皆知美之为美，斯恶已[21]；皆知善之为善，斯[22] 不善已。故有无相[23]生，难易相成，长短相较[24]，高下相倾[25]，音声[26] 相和，前后相随。是以圣人处无为之事[27]，行不言之教。万物作[28] 焉而不辞，生而不有，为而不恃，功成而弗居。夫唯弗居，是以不去。（《老子·二章》）

小国寡民[29]。使有什伯之器[30] 而不用，使民重死而不远徙[31]，虽有舟舆，无所乘之；虽有甲兵[32]，无所陈[33] 之；使人复结绳[34] 而用之。甘[35] 其食，美其服，安其居，乐其俗。邻国相望，鸡犬之声相闻，民至老死不相往来。（《老子·八十章》）

【注释】

[1] 敏：敏捷。

[2] 慎：谨慎。

[3] 不以其道得之：不凭正当的手段得到它。

[4] 去：去，离开。

[5] 恶：音"乌"；意思是"哪""怎么"，作副词。

[6] 终食之间：一顿饭的工夫。

[7] 造次：匆忙，急遽。

[8] 庖：厨房。

[9] 厩：马厩。

[10] 饿莩：饿死的尸体。

[11] 富贵不能淫：富贵不能使我骄奢淫逸。

[12] 贫贱不能移：贫贱不能使我改移节操。

[13] 威武不能屈：威武不能使我屈服意志。

[14] 宠：宠爱，宠幸。辱：侮辱。宠辱若惊：受到宠爱和侮辱就像受到惊恐一样。

[15] 贵：贵重，珍视，重视。身：身体。

[16] 宠为下：宠爱居于下位。下，卑下。

[17] 及：等到，到那时。

[18] 贵：崇尚的意思。

[19] 若：乃，才。寄：寄托。

[20] 爱：吝惜，舍不得。

[21] 恶：丑。已：通"矣"。

[22] 斯：这。

[23] 相：互相。

[24] 较：在比较、对照中显现出来。

[25] 倾：依存。

[26] 音声：汉代郑玄为《礼记·乐记》作注时说，合奏出的乐音叫作"音"，单一发出的音响叫作"声"。

[27] 圣人：古人所推崇的最高层次的典范人物。处：担当、担任。无为：顺应自然，不加干涉不必管束，任凭人们去干事。

[28] 作：兴起、发生、创造。

[29] 小：活用为动词，使动用法；意思是"使……小"。寡：活用为动词，使动用法；意思是"使……少"。

[30] 什伯之器：十人、百人使用的大器具。

[31] 重死：看重死，重视死。徙：迁移。

[32] 甲：盔甲。兵：兵器。

[33] 陈：陈列。

[34] 结绳：相传为文字发明前人们记事的方法，

[35] 甘：用作动词，意动用法；意思是"以……为甘"。下三句中的"美""乐""安"同此。

【阅读提示】

先秦诸子时期是我们民族的黄金时代，也是人类文明的黄金时代。这个人类文明的黄金时代留下的宝贵遗产，我们应该知道、应该了解、应该阅读。

读先秦诸子，其实就是读人、读人生、读人生智慧。那么在先秦诸子中，我们能读出什么样的人生智慧呢？

《论语·学而》中孔子认为：君子不应当过多地讲究自己的饮食与居处，在工作方面应当勤劳敏捷，谨慎小心，而且要经常检讨自己，克制追求物质享受的欲望。把注意力放在塑造自己的道德品质方面。请有道德的人对自己的言行加以匡正，这是值得借鉴的。

《论语·里仁》对"仁"的内涵进行了探究。什么是"仁"？它是精神领域的一种终极追求，包括人的全部道德意识和理想情操，也就是人之为人的基本修养。孔子把这种终极追求概括为"仁"，为了"仁"甚至可以牺牲自己的一切。孔子自己即是如此，他在周游列国推行其仁学时，无论是陈蔡断粮也好，惶惶如丧家之犬也好，都能够始终不改其道。

《论语·学而》告诉我们：孔子和儒家注重人的实际行动，特别强调人应当言行一致，力戒空谈浮言，心口不一。这种踏实态度和质朴精神长期影响着中国人，成为中华传统思想文化中的精华内容。

《论语·子路》指出：当管理者自身端正，做出表率时，不用下命令，被管理者也就会跟着行动起来；相反，如果管理者自身不端正，而要求被管理者端正，那么，纵然三令五申，被管理者也不会服从的。

在《孟子》中，孟子体现出了非常鲜明的民本思想。他敢于当着梁惠王的面指责当时的国君"率兽食人"，质疑他们的行政资格；敢于直言"民为贵，君为轻"。《孟子》一书记载，有一次学生问孟子，人和禽兽到底有何分别？孟子回答说："人之所以异于禽兽者，几希。""几希"就是界限非常细微、模糊，也就是说人和禽兽的分别，其实只是一线之隔。这一点也被现代基因研究所证明，据说人和黑猩猩的基因区别只有百分之一点几。正是这百分之一点几，决定了人和禽兽的区别，成为先秦时期思想家们努力超越的目标，构成孟子人格理想的重要内容。

在《孟子·滕文公下》中，孟子表现出了强烈的自尊自强精神和一定程度上的人格独立。他认为，真正的大丈夫，要有坚定的信念，不为荣华富贵所诱惑，不为贫贱困苦所改变，不为威胁暴力所屈服，不因外在环境的变化而改变自己的道义准则。只有这样的人，才能被称为大丈夫。

《孟子·告子下》告诉我们：在人生的旅途中，逆境催人警醒，激人奋进；安逸优越的环境却会消磨人的意志，使人耽于安乐，尽享舒适，一事无成。

《老子·十三章》指出：一般人对身外的宠辱荣患十分看重，甚至许多人重视身外的宠辱远超过自身的生命，常常为其诚惶诚恐。受辱固伤自尊，但受宠何尝不损害人格尊严？因为，得宠者总觉得受宠是意外的殊荣，会担心失去，人格尊严便在无形中被损害。因此，宠辱对人尊严的损害是一样的。人生在世，难免要与功名利禄、宠辱得失打交道。许多人会把荣宠和功名利禄作为人生的最高理想，认为生活的目的就是为了享受荣华富贵，福佑子孙；认为人活着就是为了寿、名、位、货等身外之物。功名利禄可以说人人都需要，但是，我们应该把它们摆在正确的位置，若摆在比生命还要宝贵的位置，就大错特错了。我们要贵身，使生命远贵于名利荣辱，要淡泊名利，对一切声色货利之事，皆无动于衷，视之淡若水，然后便可受天下之重寄，为百姓之所托。

《老子·二章》指出，道是绝对的、永恒的，但是自然界的一切现象和事物都是相对的、变动的。美与丑、善与恶、难与易、长与短、高与下、前与后等称谓、概念与价值判断，都是在相对的关系中产生的，同时这种相对关系也在不断地变动。"有无相生、难易相成、长短相较、高下相倾、音声相和、前后相随"，说明一切事物都是在相对的关系中显现而相互作用的，它们互相依赖，相互补充。在这里，"圣人"是老子心中理想人物的折射，他依照自然的规律而不强做妄为。天地间，万物欣然而作，各呈己态，圣明的人仅仅从旁边辅助，任凭其各自展开生命的内涵。同时，老子强调每个人都要发挥创造的动力，但是不能让自己的私欲无限发展。"生而不有，为而不恃，功成而弗居"中的"生""为""功成"，正是强调人要去工作、去创建，去发挥主观能动性，去贡献自己的力量，去成就大众的事业；但是对于人类努力所得来的成果，却不必擅自据为己有，"不有""不恃"

"弗居"就是强调个人要消除占有的冲动，因为人类社会的争端就在于人人都想扩张自己的私欲。从这点看，老子的人生观并不消极。

《老子·八十章》描述了老子理想中的"小国寡民"的社会状态。其总体要求是：弃而不用各种各样的器具，让百姓安土重迁。具体做法是：不用车、船等技术先进的器物，让百姓出行困难；不用武器，就不会产生战争；不用文字，结绳而治，事情就简单化，最后就能让百姓衣食无忧，安居乐业。这样，即便和别的国家相邻，两国之间的人民却能老死不相往来。这种"小国寡民"的社会理想，和老子"无为"的政治理想是相联系的。他这种主张回到远古时代，并希望社会永远停滞不前的理想，是一种十分消极的思想，也没有实现的可能性。但是，从另一个角度来分析，老子营造的这个理想的生存之境——人们顺天任势，自然无为，不谋于占有，不为于"益生"，无互相攀比的观念，知足知止，不为"人为"的欲望而奔波，没有因贪婪而产生的追求，没有为名利而发生的争夺——从一定程度上，也体现了人的一种理想的精神境界。

【思考与探究】

1. 阅读《论语》，谈谈孔子的"仁"是什么？你如何评价它？
2. 阅读相关文献，比较孔子和孟子政治主张的异同。
3. 说说你对老子"小国寡民""无为"思想的理解。

【相关知识链接】

老子·第七章

天长，地久。天地之所以能长且久者，以其不自生也，故能长生。是以圣人后其身而身先；外其身而身存。非以其无私邪？故能成其私。

第二课　庄子·逍遥游^[1]

【作者简介】

　　庄子，战国中期思想家、哲学家、文学家。姓庄，名周，宋国蒙（今河南商丘市东北）人，他是继老子之后道家学派的代表人物，创立了华夏重要的哲学学派——庄学。与老子并称"老庄"。

　　庄子一生著书十余万言，书名《庄子》。其中名篇有《逍遥游》《齐物论》等，其作品被称为"文学的哲学，哲学的文学"。这部著作的出现，标志着在战国时代，中国的哲学思想和文学语言，已经发展到非常玄远、高深的水平，是中国古代典籍中的瑰宝。

　　庄子的文章，想象奇特，文笔变化多端，具有浓厚的浪漫主义色彩，并采用寓言故事形式，富有幽默讽刺的意味，对后世文学语言有很大影响。其超常的想象和变幻莫测的寓言故事，构成了庄子特有的奇特的想象世界，"意出尘外，怪生笔端"。

【原文】

　　北冥有鱼^[2]，其名为鲲^[3]。鲲之大，不知其几千里也^[4]；化而为鸟，其名为鹏^[5]。鹏之背，不知其几千里也；怒而飞^[6]，其翼若垂天之云^[7]。是鸟也，海运则将徙于南冥^[8]。南冥者，天池也^[9]。《齐谐》者^[10]，志怪者也^[11]。《谐》之言曰："鹏之徙于南冥也，水击三千里^[12]，抟扶摇而上者九万里^[13]，去以六月息者也^[14]。"野马也^[15]，尘埃也^[16]，生物之以息相吹也^[17]。天之苍苍^[18]，其正色邪^[19]？其远而无所至极邪^[20]？其视下也^[21]，亦若是则已矣。且夫水之积也不厚^[22]，则负大舟也无力^[23]。覆杯水于坳堂之上^[24]，则芥为之舟^[25]；置杯焉则胶^[26]，水浅而舟大也。风之积也不厚，则其负大翼也无力^[27]。故九万里，则风斯在下矣^[28]，而后乃今培风^[29]；背负青天，而莫之夭阏者^[30]，而后乃今将图南^[31]。蜩与学鸠笑之曰^[32]："我决起而飞^[33]，抢榆枋^[34]而时则不至^[35]，而控于地而已矣^[36]，奚以之九万里而南为^[37]？"适莽苍者^[38]，三餐而反^[39]，腹犹果然^[40]；适百里者，宿舂粮^[41]；适千里者，三月聚粮^[42]。之二虫又何知^[43]！小知不及大知^[44]，小年不及大年^[45]。奚以知其然也？朝菌不知晦朔^[46]，蟪蛄不知春秋^[47]，此小年也。楚之南有冥灵者^[48]，以五百岁为春，五百岁为秋；上古有大椿者^[49]，

以八千岁为春，八千岁为秋。而彭祖乃今以久特闻[50]，众人匹之[51]，不亦悲乎[52]？

汤之问棘也是已[53]："穷发之北[54]，有冥海者，天池也。有鱼焉，其广数千里，未有知其修者[55]，其名为鲲。有鸟焉，其名为鹏，背若泰山，翼若垂天之云；抟扶摇羊角而上者九万里[56]，绝云气[57]，负青天，然后图南，且适南冥也。斥鷃笑之曰[58]：'彼且奚适也？我腾跃而上，不过数仞而下[59]，翱翔蓬蒿之间[60]，此亦飞之至也[61]。而彼且奚适也？'"此小大之辩也[62]。

故夫知效一官[63]、行比一乡[64]、德合一君而征一国者[65]，其自视也[66]，亦若此矣[67]。而宋荣子犹然笑之[68]。且举世而誉之而不加劝[69]，举世非之而不加沮[70]，定乎内外之分[71]，辩乎荣辱之竟[72]，斯已矣[73]。彼其于世，未数数然也[74]。虽然[75]，犹有未树也[76]。夫列子御风而行[77]，泠然善也[78]，旬有五日而后反[79]。彼于致福者[80]，未数数然也。此虽免乎行，犹有所待者也[81]。若夫乘天地之正[82]，而御六气之辩[83]，以游无穷者[84]，彼且恶乎待哉[85]？故曰："至人无己[86]，神人无功[87]，圣人无名[88]"。

尧让天下于许由[89]，曰："日月出矣，而爝火不息[90]；其于光也，不亦难乎？时雨降矣，而犹浸灌[91]；其于泽也，不亦劳乎？夫子立而天下治[92]，而我犹尸之[93]；吾自视缺然[94]，请致天下[95]。"许由曰："子治天下，天下既已治也；而我犹代子，吾将为名乎？名者，实之宾也[96]；吾将为宾乎？鹪鹩巢于深林[97]，不过一枝；偃鼠饮河[98]，不过满腹。归休乎君[99]，予无所用天下为[100]！庖人虽不治庖[101]，尸祝不越樽俎而代之矣[102]！"

肩吾问于连叔曰[103]："吾闻言于接舆[104]，大而无当[105]，往而不反[106]。吾惊怖其言[107]。犹河汉而无极也[108]；大有径庭[109]，不近人情焉。"连叔曰："其言谓何哉？"曰："藐姑射之山[110]，有神人居焉。肌肤若冰雪，淖约若处子[111]，不食五谷，吸风饮露，乘云气，御飞龙，而游乎四海之外；其神凝[112]，使物不疵疠而年谷熟[113]。吾以是狂而不信也[114]。"连叔曰："然。瞽者无以与乎文章之观[115]，聋者无以与乎钟鼓之声。岂唯形骸有聋盲哉[116]？夫知亦有之！是其言也犹时女也[117]。之人也[118]，之德也，将旁礴万物以为一[119]，世蕲乎乱[120]，孰弊弊焉以天下为事[121]！之人也，物莫之伤：大浸稽天而不溺[122]，大旱金石流，土山焦而不热。是其尘垢秕糠将犹陶铸尧舜者也[123]，孰肯以物为事[124]？"宋人资章甫而适诸越[125]，越人断发文身[126]，无所用之。尧治天下之民，平海内之政，往见四子藐姑射之山[127]，汾水之阳[128]，窅然丧其天下焉[129]。

惠子谓庄子曰[130]："魏王贻我大瓠之种[131]，我树之成[132]，而实五石[133]。以盛水浆，其坚不能自举也。剖之以为瓢，则瓠落无所容[134]。非不呺然大也[135]，吾为其无用而掊之[136]。"庄子曰："夫子固拙于用大矣。宋人有善为不龟手之药者[137]，世世以洴澼絖为事[138]。客闻之，请买其方百金。聚族而谋曰[139]：'我世世为洴澼絖，不过数金，今一朝而鬻技百金[140]，请与之。'客得之，以说吴王[141]。越有难[142]，吴王使之将[143]，冬，与越人水战，大败越人。裂地而封之[144]。能不龟手一也[145]，或以封，或不免于洴澼絖，则所用之异也。今子有五石之瓠，何不虑以为大樽[146]，而浮乎江湖，而忧其瓠落无所容？则夫子犹有蓬之心也夫[147]！"

惠子谓庄子曰："吾有大树，人谓之樗[148]。其大本拥肿而不中绳墨[149]，其小枝卷曲而不中规矩[150]，立之涂[151]，匠者不顾。今子之言大而无用，众所同去也。"庄子曰："子独不见狸狌乎[152]？卑身而伏，以候敖者[153]；东西跳梁[154]，不避高下；中于机辟[155]，死于罔罟[156]。今夫斄牛[157]，其大若垂天之云。此能为大矣，而不能执鼠[158]。今子有大树，患其无用，何不树之于无何有之乡[159]，广莫之野[160]，彷徨乎无为其侧[161]，逍遥乎寝卧其下。不夭斤斧[162]，物无害者，无所可用，安所困苦哉！"

【注释】

[1] 逍遥游：没有任何束缚、自由自在地活动。逍遥，闲适自得、无拘无束的样子。

[2] 北冥：北海，因海水深黑而得名。冥，通"溟"，指广阔幽深的大海。下文的"南冥"和"冥海"都用此义。

[3] 鲲（kūn）：本指鱼卵，此处借用为表大鱼之名。这符合《庄子·齐物论》本旨和庄子独特的奇诡文风。

[4] 不知其几千里也：不知道它有几千里大。一说"几"本义为极微小，引申为"极为接近"，此处当解释为"尽"；《庄子》一书中表数量的词都用"数"，如"数仞""数金"。

[5] 鹏：古"凤"字，此处借用为大鸟之名。

[6] 怒：通"努"，奋力飞举。

[7] 垂天：天边，一说遮天。垂，通"陲"，边际。

[8] 海运：海水运动，此处指汹涌的海涛。徙：迁移。

[9] 天池：天然形成的池子。

[10] 《齐谐》：志怪小说集。

[11] 志怪：记述怪异的故事。志，记载。

[12] 水击："击水"一词的倒装，形容大鹏起飞时翅膀拍击水面的壮观景象。

[13] 抟（tuán）：盘旋上升。扶摇：旋风。

[14] 去：离开。息：停歇、止息。

[15] 野马：云雾之气变化腾涌成马的样子。

[16] 尘埃：空中游尘。

[17] 以息相吹也：以气息相互吹拂所致。

[18] 苍苍：深蓝色。

[19] 其：或许。正色：本来的颜色。

[20] 邪（yé）：通"耶"，疑问词。

[21] 其视下也：它（指鹏）向下俯视。

[22] 且夫：助词，无实义，起提示下文的作用。

[23] 负：承载。

[24] 覆：倒。坳（ào）堂：室内地上的洼坑。

[25] 芥：小草。

[26] 置：放。焉：兼词，于此，在这里。胶：动词，粘在地面上动不了。

[27] 则其负大翼也无力：就没有力量托起鹏巨大的翅膀。

[28] 则风斯在下矣：风就在大鹏的下面（说明风有九万里深厚）。

[29] 而后乃今："今而后乃"的倒装，相当于"这时……然后才"。培风：乘风。培，凭。

[30] 夭（yāo）：挫折。阏（è）：阻碍。

[31] 图南：图谋飞往南方。

[32] 蜩（tiáo）：蝉。鸴鸠（jiū）：斑鸠一类的小鸟。

[33] 决起：迅速跃起。决，同"赽"，迅疾。

[34] 抢：撞到，碰到，一作"枪"。榆枋（fāng）：泛指树木。榆，榆树。枋，檀木。

[35] 时则：时或。

[36] 控：投下，落下来。

[37] 奚（xī）以：何必，哪里用得着。之：往。为：句末疑问语气词，相当于"呢"。

[38] 适：去，往。莽（mǎng）苍：草色苍苍的郊野。

[39] 三餐：指一天。反：通"返"，返回。

[40] 犹：还是。果然：饱足的样子。

[41] 宿：隔夜，头一夜。舂（chōng）粮：把谷物的壳捣掉，指准备粮食。

[42] 三月聚粮：准备三个月的粮食。

[43] 之：指示代词，这。二虫：指蜩和鸴鸠。虫，古代对动物的统称，如大虫指老虎，老虫指老鼠，长虫指蛇。又何知：又怎么会知晓呢。

[44] 小知（zhì）：小聪明。知，通"智"，下同。大知：大智慧。

[45] 小年：短命。大年：长寿。

[46] 朝菌：一种朝生暮死的菌类植物。晦（huì）朔（shuò）：月亮的盈缺。晦，农历每月的最后一天。朔，农历每月的第一天。

[47] 蟪（huì）蛄（gū）：寒蝉，春生夏死或夏生秋死。春秋：一整年。

[48] 冥灵：大树名，一说大龟名。

[49] 大椿（chūn）：树名。

[50] 彭祖：传说中寿达八百岁的人物。乃今：而今，现在。久：长寿。

[51] 匹之：和他相比。匹，比。

［52］悲：可悲。

［53］汤：商朝的建立者。棘：人名，相传是商汤时的大夫。是已：就是这样，表示肯定。

［54］穷发：草木不生的地方。发，草木。

［55］修：长。

［56］羊角：像羚羊角的旋风。

［57］绝云气：穿越云气。绝，超越。

［58］斥鷃（yàn）：小池泽中的一种小雀。

［59］仞：古代长度单位。周代以八尺为一仞，汉代以七尺为一仞。

［60］翱翔蓬蒿（hāo）之间：翱翔在蓬木蒿草之间。

［61］至：极致。

［62］辩：通"辨"，区别。

［63］效：功效，此处引申为胜任。

［64］行：品行。比：团结。

［65］而：通"能"，能力。

［66］其：指文中前述的四种人。自视：看待自己。

［67］此：指斥鷃。

［68］宋荣子：战国中期的思想家。犹然：讥笑的样子。

［69］举：全。誉：赞美。劝：勉励，奋发。

［70］非：非难，指责。沮：沮丧。

［71］内：主观。外：客观。分：分际。

［72］辩：通"辨"，辨明。竟：通"境"，界限。

［73］斯：这样，如此。已：而已，指宋荣子的智德仅此而已。

［74］数（shuò）数然：急切追求的样子。

［75］虽然：即便如此。虽，即使。

［76］树：树立，建树。

［77］列子：郑国人，名御寇，战国时代思想家。传说列子能御风而行，著有《列子》八篇。文段借列子乘风飞行，表明有待的道理。御：驾驭。

［78］泠（líng）然：轻妙的样子。善：美妙。

［79］旬有（yòu）五日：十五天。旬，十天。有，通"又"。

［80］致福：得福。

［81］有所待：有所凭借。待，依靠。庄子的"有待"与"无待"是哲学范畴，指的是事物有否条件性。全句是指列子即使可乘风飞行，也仍然不得不凭借他物。

［82］若夫：至于。乘：顺。天地之正：天地万物的本性。正，自然本性。

［83］六气：指阴、阳、风、雨、晦、明。辩：通"变"，变化，与"正"相对。"正"为本根，"辩"为派生。

［84］以游无穷：行游于绝对自由的境界。无穷，绝对自由的境界。

［85］恶（wū）乎待哉：还用什么凭借呢？恶，什么。反问句式加强了"无所待"的意义。

［86］至人：极致的人，庄子心目中境界最高的人。至人、神人、圣人，三者名异实同。无己：指至人破除自我偏执，扬弃小我，摒绝功名束缚的本我，追求绝对自由、通达，物我相忘的境界。

［87］无功：顺应大道不示功名。

［88］无名：不求名望。"至人无己"是庄子体悟的最高人格境界；"神人无功"是庄子无治主义政治观的表达；"圣人无名"是庄子扬弃功名、去除外物束缚的人生追求。

［89］尧：传说中的帝王。许由：古代尧时的隐士。此人还见于《徐无鬼》《外物》等篇，皆记述许由拒位之事。

［90］爝（jué）火：火把、火炬。

［91］浸灌：浸润灌溉。

［92］夫子：先生，指许由。治：太平。

［93］尸：掌管，主持。

［94］缺然：缺乏能力的样子。

［95］致：赠予，送给。

［96］宾：派生物。

［97］鹪（jiāo）鹩（liáo）：一种小鸟。

［98］偃鼠：指鼹鼠，善于钻洞。

［99］归休乎君："君归休乎"的倒装，君主您还是回去吧。

［100］予无所用天下为：天下对我一点用也没有。为，语气助词。

［101］庖（páo）人：厨师。庖，烹饪一类的事。

［102］尸祝：古代祠庙中掌管祭祀的司仪。樽（zūn）：酒器。俎（zǔ）：盛肉的器具。

［103］肩吾、连叔：都为庄子笔下的虚构的体道之士。《庄子》一书，此类人物很多，即使是史上确有其人的，也是一副"道家"腔调、"道家"风格，甚至孔子有时也不例外。

［104］接舆（yú）：楚国隐士，姓陆，名通，字接舆，与孔子同时期人物。此处庄子有自喻接舆的意思。

［105］大而无当：宏达而不适当。无当，不切实际。

［106］往而不反：一往无前而不回头。

［107］惊怖：惊恐。

［108］河汉：天上的银河。极：边。

［109］大有径庭：比喻差别极大。径，门外路径。庭，庭院。

［110］藐（miǎo）：通"邈"，遥远。姑射：传说中的仙山名。

[111] 淖（nào）约：柔美的姿态。处子：处女。

[112] 凝：凝聚专一。

[113] 疵（cī）疠（lì）：指疾病，灾害。年谷：指庄稼。

[114] 狂：借用为"诳"，谎言。

[115] 瞽（gǔ）：盲人。文章：纹理色彩。文，通"纹"。全句是指纹理色彩对盲人毫无意义。观：景象。

[116] 岂唯：难道只有。形骸：形体。

[117] 时：通"是"，这。女：通"汝"，你。

[118] 之：这样。

[119] 旁礴万物以为一：混同天地万物为纯一。旁礴，混同，无所不包容。旁，通"磅"。

[120] 世蕲（qí）乎乱：世人祈求天下得到治理。蕲，祈求。乱，治，即得到治理。

[121] 孰：谁，指神人。弊弊：劳神苦思的样子。

[122] 大浸：大水，洪水。稽：至，到达。溺：淹。

[123] 尘垢（gòu）秕（bǐ）糠：尘土、污垢、秕谷、糠皮，指糟粕。陶铸：原指烧制陶器、熔铸金属，这里指造就培育。

[124] 物：事，指世俗事务。

[125] 资章甫：贩卖衣帽。资，买卖。章，冠、帽。甫，衣服。适诸越：到越国去。适，往。

[126] 断发：剪发。文身：往身上刺花纹。

[127] 四子：旧注指王倪、啮缺、被衣、许由四人，实为虚构的人物。

[128] 汾（fén）水之阳：汾河北面。古人以山南水北为阳，山北水南为阴。

[129] 窅（yǎo）然丧其天下焉：怅怅然忘却了天下。窅然，怅然自失的样子。

[130] 惠子：指惠施，庄子的朋友，先秦时期的杰出代表性人物。

[131] 魏王：指魏惠王。由于魏国曾定都大梁，所以魏国也称为梁国，因此魏惠王即《孟子》中的梁惠王。贻：赠给。大瓠（hù）之种：大葫芦的种子。瓠，葫芦。

[132] 树：培植。

[133] 实：容纳。石（dàn）：指"禾石"，古代质量单位，相当于一百二十斤。

[134] 落：平浅的样子。无所容：无可容之物。

[135] 呺（xiāo）然：空空的样子。

[136] 掊（pǒu）：打破，砸烂。

[137] 为：配制。不龟手之药：防止冻伤的药。龟，通"皲"，皮肤冻裂。

[138] 洴（píng）澼（pì）：漂洗。絖（kuàng）：通"纩"，丝绵。

[139] 聚族：召集同族的人。

[140] 鬻（yù）技：出卖、转让技术。

[141] 说（shuì）：游说。

[142] 越有难：越国入侵吴国。难，发动军事行动。

[143] 将：率领军队。

[144] 裂地：划拨出一块土地。封：封赏。

[145] 龟手：指手足皮肤受冻而开裂。

[146] 何不虑：为什么不系缚。樽：腰舟，可以捆在腰间漂浮在水上。

[147] 蓬之心：指蓬心，心有茅塞，比喻不能通达，见识肤浅。蓬，一种茎叶不直的草。

[148] 樗（chū）：树种名。

[149] 大本：主干。拥肿：肥粗不端正。拥，通"臃"。中：符合。绳墨：木匠画直线的工具。

[150] 规矩：木匠用以画圆、方的工具。

[151] 涂：通"途"，道路。

[152] 狸：野猫。狌（shēng）：黄鼠狼。

[153] 敖：通"遨"，遨游。

[154] 跳梁：跳跃腾挪。梁，通"踉"，跳跃。

[155] 中：踩中，触到。机辟：弩机陷阱，捕猎走兽的工具。

[156] 罔（wǎng）：通"网"，罗网。罟（gǔ）：网的总称。

[157] 斄（lí）牛：即牦牛。

[158] 执：捉拿。

[159] 无何有之乡：宽旷无人的地方。无何有，什么都没有。

[160] 广莫：广漠。莫，通"漠"。野：旷野。

[161] 彷（páng）徨（huáng）：游逸自得。无为：随意，悠然。

[162] 夭：折断，砍伐。斤：大斧头。

【阅读提示】

《逍遥游》是《庄子》的第一篇，集中代表了庄子的哲学思想。逍遥游是庄子的人生理想，是庄子人生论的核心内容。逍遥游是指"无所待而游无穷"，对世俗之物无所依赖，与自然化而为一，不受任何束缚自由地游于世间。"逍遥"，在庄子这里是指人超越了世俗观念及其价值的限制而达到最大的精神自由。"游"，并不是指形体之游，更重要的是指精神之游，形体上的束缚被消解后，自然就可以悠游于世。逍遥游就是超脱万物、无所依赖、绝对自由的精神境界。在庄子看来，达到这种境界的最好方法就是"心斋""坐忘"，这两者体现了一种精神自由和天人合一的精神逍遥游。

《逍遥游》全篇可分为三个部分。第一部分是全篇的主体，从对比许多不能"逍遥"的例子说明，要真正达到自由自在的境界，必须"无己""无功""无名"。第二、三部分紧承第一部分进一步阐述，说明"无己"是摆脱各种束缚和依凭的唯一途径。只要真正做到忘掉自己、忘掉一切，不为物所滞，把无用当作有用，就能达到逍遥的境界。庄子认为，只有"无己"的人才是精神境界最高的人，这表现了庄子志在不受任何拘束，追求优游自得生活旨趣的思想。

全篇语言汪洋恣肆，文笔变化多端。文中多处运用了寓言、连类比喻、神话故事，体现出庄子超常的想象力，具有浓厚的浪漫主义色彩。

【思考与探究】

1. 读《逍遥游》全篇，谈谈庄子在其中所要表达的主要思想。

2. 庄子多用寓言，本文的情感也是隐藏于故事之下的，比较含蓄。请联系本文的创作背景，揣摩庄子对当时社会的看法和心境。

3. 面对纷繁复杂的世界，你认为自己应该怎样理智面对名和利？如何才能达到名利的平衡？

【相关资料链接】

《逍遥游》相关知识

《逍遥游》全篇集中表现了庄子哲学思想的一个重要方面，即虚无主义与绝对自由。它不仅对嵇康、阮籍、陶渊明、李白、苏轼、曹雪芹等古代后世作家的思想和创作产生了不同程度的影响，而且还对中国现当代的政治家、科学家、文学家等产生了重要的影响。在现代文学家中，鲁迅倾心于庄子的哲学和文章，思想和文风上受到其影响是显而易见的。此外，闻一多、郭沫若等文学大家也受其影响很大。

第三课　涉　江

【作者简介】

　　屈原（约前340年—前278年）我国古代伟大的爱国诗人。名平，字原。战国时期楚国贵族出身，任三闾大夫、左徒，兼管内政外交大事。他主张对内举贤能，修明法度，对外力主联齐抗秦。后因遭贵族排挤，被流放沅、湘流域。公元前278年秦将白起一举攻破楚国首都郢都。忧国忧民的屈原在长沙附近汨罗江怀石自杀，端午节据说就是他的忌日。他写下许多不朽诗篇，成为我国古代浪漫主义诗歌的奠基者，在楚国民歌的基础上创造了新的诗歌体裁楚辞。

　　主要作品有《离骚》《九章》《九歌》《天问》等。在诗中抒发了炽热的爱国主义思想感情，表达了对楚国的热爱，体现了他对理想的不懈追求和为此九死不悔的精神。他创造的"楚辞"文体在中国文学史上独树一帜，与《诗经》并称"风骚"二体，对后世诗歌创作产生积极影响。

【原文】

余幼好此奇服[1] 兮，年既老而不衰[2]。
带长铗[3] 之陆离[4] 兮，冠切云[5] 之崔嵬[6]。
被[7] 明月[8] 兮佩宝璐。世溷浊而莫余知[9] 兮，
吾方[10] 高驰而不顾。驾青虬[11] 兮骖[12] 白螭[13]，
吾与重华[14] 游兮瑶之圃[15]。登昆仑兮食玉英[16]，
与天地兮同寿，与日月兮齐光！
哀南夷[17] 之莫吾知兮，旦余济[18] 乎江湘。
乘鄂渚[19] 而反顾[20] 兮，欸[21] 秋冬之绪风[22]。
步余马[23] 兮山皋[24]，邸[25] 余车兮方林[26]。
乘舲船[27] 余上[28] 沅兮，齐[29] 吴榜[30] 以击汰[31]。
船容与[32] 而不进兮，淹[33] 回水[34] 而疑滞。
朝发枉陼[35] 兮，夕宿辰阳[36]。
苟[37] 余心之端直兮，虽僻远之何伤[38]！
入溆浦[39] 余儃佪[40] 兮，迷不知吾所如。
深林杳[41] 以冥冥[42] 兮，猿狖[43] 之所居。

山峻高以蔽日兮，下幽晦[44] 以多雨。

霰[45] 雪纷其无垠[46] 兮，云霏霏[47] 而承[48] 宇[49]。

哀吾生之无乐兮，幽独处乎山中。

吾不能变心而从俗兮，固将愁苦而终穷[50]。

接舆[51] 髡首[52] 兮，桑扈[53] 臝[54] 行。

忠不必用兮，贤不必以[55]。

伍子[56] 逢殃兮，比干[57] 菹醢[58]。

与前世而皆然兮，吾又何怨乎今之人！

余将董道[59] 而不豫[60] 兮，固将重[61] 昏而终身！

乱曰：鸾鸟[62] 凤皇，日以远兮。

燕雀乌鹊[63]，巢堂[64] 坛兮。

露申[65] 辛夷，死林薄[66] 兮。

腥臊并御[67]，芳[68] 不得薄[69] 兮。

阴阳易位[70]，时不当[71] 兮！

怀信[72] 侘傺[73]，忽[74] 乎吾将行兮！

【注释】

[1] 奇服：奇伟的服饰，用来象征自己与众不同的志向品行。

[2] 衰：懈怠，衰减。

[3] 铗（jiá）：剑柄，这里指代剑。长铗即长剑。

[4] 陆离：长貌。

[5] 切云：当时一种高帽子之名。

[6] 崔嵬：高耸。

[7] 被：同"披"，戴着。

[8] 明月：夜光珠。璐：美玉名。

[9] 莫余知：即"莫知余"，没有人理解我。

[10] 方：将要。高驰：远走高飞。顾：回头看。

[11] 虬：传说中有角的龙。

[12] 骖：四马驾车，两边的马称为骖，这里指用螭来做骖马。

[13] 螭（chī）：传说中没有角的龙。

[14] 重华：帝舜的名字。

[15] 瑶之圃：产美玉的地方，这里是指昆仑。昆仑以产美玉闻名，神话中认为昆仑是天帝的园圃。

[16] 英：花朵。玉英：玉树之花。

[17] 夷：当时对周边落后民族的称呼，带有蔑视侮辱的意思。南夷，指屈原流放的楚国南部的土著。

［18］济：渡过。

［19］鄂渚：地名，在今湖北武昌西。

［20］反顾：回头看。

［21］欸（āi）：叹息声。

［22］绪风：余风。

［23］步马：让马徐行。

［24］山皋：山冈。

［25］邸：同"抵"，抵达，到。

［26］方林：地名。

［27］舲（líng）船：有窗的小船。

［28］上：溯流而上。

［29］齐：同时并举。吴：国名，也有人解为"大"。

［30］榜：船桨。

［31］汰：水波。

［32］容与：缓慢，舒缓。

［33］淹：停留。

［34］回水：回旋的水。这句是说船徘徊在回旋的水流中停滞不前。

［35］陼：同"渚"。枉陼：地名，在今湖南常德一带。

［36］辰阳：地名，在今湖南辰溪县西。

［37］苟：如果。

［38］伤：损害。这两句是说，如果我的心是正直，即使流放在偏僻荒远的地方，对我又有什么伤害呢？

［39］溆浦：溆水之滨。

［40］僧佪：徘徊。这两句是说进入溆浦之后，我徘徊犹豫，不知该去哪儿。

［41］杳：幽暗。

［42］冥冥：幽昧昏暗。

［43］狖（yòu）：长尾猿。

［44］幽晦：幽深阴暗。

［45］霰：雪珠。

［46］垠：边际。这句是说雪下得很大，一望无际。

［47］霏霏：云气浓重的样子。

［48］承：弥漫。

［49］宇：天空。这句是说阴云密布，弥漫天空。

［50］终穷：困厄终生。

［51］接舆：春秋时楚国的隐士，即《论语》所说的"楚狂接舆"，与孔子同时，佯狂傲世。

［52］髡（kūn）首：古代刑罚之一，即剃发。相传接舆自己剃去头发，避世不出仕。

［53］桑扈：古代的隐士，即《论语》所说的子桑伯子，《庄子》所说的子桑户。

［54］嬴：同"裸"。桑扈用嬴体行走来表示自己的愤世嫉俗。

［55］以：用。这两句是说忠臣贤士未必会为世所用。

［56］伍子：伍子胥，春秋时吴国贤臣。逢殃：指伍子胥被吴王夫差杀害。吴王夫差听信伯嚭的谗言，逼迫伍员自杀。

［57］比干：商纣王时贤臣，一说是纣王的叔伯父，一说是纣王的庶兄。传说纣王淫乱，不理朝政，比干强谏，被纣王剖心而死。

［58］菹醢（zūhǎi）：古代的酷刑，将人剁成肉酱。此二字极云比干被刑之残酷。

［59］董道：坚守正道。

［60］豫：犹豫，踟蹰。

［61］重：重复。昏：暗昧。这句是说必定将终身看不到光明。

［62］鸾鸟、凤凰：都是祥瑞之鸟，比喻贤才。这两句是说贤者一天天远离朝廷。

［63］燕雀、乌鹊：比喻谄佞小人。

［64］堂：殿堂。坛：祭坛。比喻小人挤满朝廷。

［65］露申：一作"露甲"，即瑞香花。辛夷：一种香木，即木兰。

［66］林薄：草木杂生的地方。

［67］御：进用。

［68］芳：芳洁之物，比喻忠直君子。

［69］薄：靠近。

［70］阴阳易位：比喻楚国混乱颠倒的现实。

［71］当：合。

［72］怀信：怀抱忠信。

［73］侘傺：惆怅失意。

［74］忽：恍惚，茫然。

【阅读提示】

本诗篇的写作时间，大致可定为是流放江南多年之后，是屈原晚年的作品，写作时间当在《九章·哀郢》之后。

《涉江》以写实为主，但又富有浪漫主义色彩，诗人以丰富奇特的幻想，创造了一个优美的神话世界：神奇的车乘，高尚的旅伴，美好的境地，等等，表现了诗人对美好理想的追求，对黑暗现实的批判。全篇洋溢着非常浓郁的浪漫主义色彩，作者发挥了丰富的想象力，虚构了一个实际上并不存在也不可能存在的、由五方天帝、山川诸神、古代好法官共同组成虚幻的法庭，让他们来听取自己极度苦闷的倾诉；诗人又虚构了一个厉神，让他在占梦时作答，如同女媭一样，给屈原以劝告和回答。这样的写法，使本篇诗作出现了一幅虚无缥缈的景象，引人入胜，给人以身临其境的艺术享受。

本诗结尾，通段设喻，用以揭露楚国政治的黑暗和统治集团的腐败，形象地反映出小人窃位得志，忠贤被逐遭受迫害，黑白颠倒，是非淆乱的社会现实。这种写作方法也是值得学习的。

【思考与探究】

1. 重读《离骚》，比较《涉江》和《离骚》中屈原游历之异同。
2. 结合诗篇，谈谈屈原的人生理想与价值观念。

【相关知识链接】

哀 郢

屈原

皇天之不纯命兮，何百姓之震愆！
民离散而相失兮，方仲春而东迁。
去故乡而就远兮，遵江夏以流亡。
出国门而轸怀兮，甲之朝吾以行。
发郢都而去闾兮，怊荒忽其焉极！
楫齐扬以容与兮，哀见君而不再得。
望长楸而太息兮，涕淫淫其若霰。
过夏首而西浮兮，顾龙门而不见。
心婵媛而伤怀兮，眇不知其所蹠。
顺风波以从流兮，焉洋洋而为客。
凌阳侯之氾滥兮，忽翱翔之焉薄？
心絓结而不解兮，思蹇产而不释。
将运舟而下浮兮，上洞庭而下江。
去终古之所居兮，今逍遥而来东。
羌灵魂之欲归兮，何须臾而忘反？
背夏浦而西思兮，哀故都之日远。

登大坟以远望兮，聊以舒吾忧心。
哀州土之平乐兮，悲江介之遗风。
当凌阳之焉至兮？淼南渡之焉如？
曾不知夏之为丘兮，孰两东门之可芜？
心不怡之长久兮，忧与愁其相接。
惟郢路之辽远兮，江与夏之不可涉。
忽若去不信兮，至今九年而不复。
惨郁郁而不通兮，蹇侘傺而含戚。
外承欢之汋约兮，谌荏弱而难持。
忠湛湛而愿进兮，妒被离而鄣之。
尧舜之抗行兮，瞭杳杳而薄天；
众谗人之嫉妒兮，被以不慈之伪名。
憎愠惀之修美兮，好夫人之忼慨。
众踥蹀而日进兮，美超远而逾迈。
乱曰：曼余目以流观兮，冀壹反之何时？
鸟飞反故乡兮，狐死必首丘。
信非吾罪而弃逐兮，何日夜而忘之？

第四课　读《〈山海经〉[1]·其一》

【作者介绍】

陶渊明（365年—427年）晋宋时期诗人、辞赋家、散文家。一名潜，字元亮，私谥靖节。浔阳柴桑（今江西九江西南）人。

陶渊明一生大略可分为三个时期。第一时期，28岁以前，由于父亲早死，他从少年时代就处于生活贫困之中。第二时期，学仕时期，从公元393年（晋孝武帝太元十八年）到公元405年（晋安帝义熙元年）。第三时期，归田时期，从公元406年（义熙二年）至公元427年（宋文帝元嘉四年）病故。归田后20多年，是他创作最丰富的时期。陶渊明被称为"隐逸诗人之宗"，开创了田园诗一体。陶诗的艺术成就从唐代开始受到推崇，甚至被当作是"为诗之根本准则"。传世作品共有诗125首，文12篇，后人编为《陶渊明集》。

【原文】

孟夏[2] 草木长，绕屋树扶疏[3]。

众鸟欣有托[4]，吾亦爱吾庐。

既耕亦已种，时还读我书。

穷巷隔深辙[5]，颇回故人车[6]。

欢言酌春酒，摘我园中蔬。

微雨从东来，好风与之俱[7]。

泛览[8]《周王传》[9]，流观[10]《山海》图。

俯仰终宇宙[11]，不乐复何如？

【注释】

[1]《山海经》：一部内容丰富、风貌独特的古代著作。

[2] 孟夏：初夏。农历四月。

[3] 扶疏：枝叶茂盛的样子。

[4] 欣有托：高兴找到可以依托的地方。

[5] 深辙：轧有很深车辙的大路。

[6] 频回故人车：经常让熟人的车调头回去。

[7] 与之俱：和它一起吹来。

[8] 泛览：浏览。

[9] 周王传：指《穆天子传》，记载周穆王西游的书。

[10] 流观：浏览。

[11] 终宇宙：遍及世界。

【阅读提示】

本诗是陶渊明隐居时所写13首组诗的第一首。诗人在物我交融的乡居体验中，以纯朴真诚的笔触，抒发了一个自然崇尚者回归田园的绿色胸怀，讴歌了宇宙间博大的人生乐趣，体现了诗人高远旷达的生命境界，是诗人胸中流出的是一首囊括宇宙境界的生命赞歌。

【思考与探究】

1. 简析这首诗写出了诗人的哪些乐趣。

2. 有人评价此诗"尾句一'乐'字，总破全诗主旨"，请结合全诗具体诗人隐居之"乐"。

【相关资料链接】

读《山海经》·其十

精卫衔微木，将以填沧海。

刑天舞干戚，猛志固常在。

同物既无虑，化去不复悔。

徒设在昔心，良辰讵可待。

第五课　八声甘州[1]

【作者简介】

柳永（约987年—约1053年），北宋著名词人。原名柳三变，字景庄，后改名永，字耆卿，排行第七，崇安（今福建武夷山）人。宋仁宗朝景祐进士，官至屯田员外郎，世称柳七、柳屯田，为人放荡不羁，终身潦倒。其词多描绘城市风光与歌妓生活，尤长于抒写羁旅行役之情。词风婉约（婉约派的代表人物之一），词作甚丰，创作慢词独多，是北宋第一个专力写词的词人。发展了铺叙手法，在词史上产生了较大的影响。词作流传极广，有"凡有井水饮处，皆能歌柳词"之说。现存有《乐章集》，代表作有《雨霖铃》等。

【原文】

对潇潇暮雨洒江天[2]，一番洗清秋。渐霜风凄紧[3]，关河冷落，残照当楼。是处红衰翠减[4]，苒苒物华休[5]。惟有长江水，无语东流。

不忍登高临远，望故乡渺邈[6]，归思难收。叹年来踪迹，何事苦淹留[7]？想佳人、妆楼颙望[8]，误几回、天际识归舟[9]。争知我[10]，倚阑干处，正恁凝愁[11]。

【注释】

［1］唐教坊大曲有《甘州》，杂曲有《甘州子》。因属边地乐曲，故以甘州为名。《八声甘州》是从大曲《甘州》截取一段而成的慢词。因全词前后共八韵，故名八声。又名《潇潇雨》《宴瑶沁池》等。《词谱》以柳永为正体。九十七字，平韵。

［2］潇潇：形容雨声急骤。

［3］凄紧：一作"凄惨"。

［4］是处：到处，处处。红衰翠减：红花绿叶，凋残零落。李商隐《赠荷花》有"翠减红衰愁煞人"。翠，一作"绿"。

［5］苒苒：茂盛的样子。一说，同"冉冉"，犹言"渐渐"。物华：美好的景物。

［6］渺邈：遥远。

［7］淹留：久留。

［8］颙望：凝望。一作"长望"。

［9］天际识归舟：语出谢朓《之宣城郡出林浦向板桥》"天际识归舟，云中辨江树"。

［10］争：怎。恁：如此，这般。

［11］凝愁：凝结不解的深愁。

【阅读提示】

这首望乡词通篇贯串一个"望"字。作者的羁旅之愁，飘泊之恨，尽从"望"中透出。

上片是登楼凝望中所见。无论风光、景物、气氛，都笼罩着悲凉的秋意，触动着抒情主人公的归思。"渐霜风凄紧，关河冷落，残照当楼"三句，在深秋萧瑟寥廓的景象中表现了游子的客中情怀。

下片是望中所思。从自己的望乡想到意中人的望归：她不但"妆楼颙望"，甚至还"误几回、天际识归舟"，望穿秋水之际，对自己的迟迟不归已生怨恨。如此着笔，把本来的独望变成了双方关山远隔的千里相望，见出两地同心，俱为情苦。虽然这是想象之辞，却反映了作者对独守空闺的意中人的关切之情，从而暗示读者：其人未归而其心已归，更见出归思之切。

另外，此词多用双声叠韵词，以声为情，声情并茂。双声如"清秋""冷落""渺邈"等，叠韵如"长江""无语""阑干"等。它们间见错出，相互配合，时而嘹亮、时而幽咽。这自然有助于增强声调的亢坠抑扬，更好地表现心潮的起伏不平。

【思考与探究】

1. 这首词上、下两片的抒情方法有何不同？试做分析。

2. 简析"误几回、天际识归舟"的意境。

【相关知识链接】

蝶恋花·伫倚危楼风细细

柳永

伫倚危楼风细细。望极春愁，黯黯生天际。草色烟光残照里，无言谁会凭阑意。

拟把疏狂图一醉。对酒当歌，强乐还无味。衣带渐宽终不悔，为伊消得人憔悴。

雨霖铃·寒蝉凄切

柳永

寒蝉凄切。对长亭晚，骤雨初歇。都门帐饮无绪，留恋处，兰舟催发。执手相看泪眼，竟无语凝噎。念去去、千里烟波，暮霭沉沉楚天阔。

多情自古伤离别。更那堪、冷落清秋节。今宵酒醒何处？杨柳岸、晓风残月。此去经年，应是良辰好景虚设。便纵有、千种风情，更与何人说。

第三单元

青春飞扬　追求理想

导读：

中国人的精神内涵是什么？在《山海经》中，天破了我们女娲补天，洪水来时我们大禹治水、奋起抵抗，疾病来袭，我们试草炼药，被高山阻隔就有了愚公移山，被东海淹没就有了精卫填海，被太阳暴晒就有了后羿射日，在这一个个脍炙人口的中国古代神话故事中，塑造出了中国人的精神内涵：勤奋、善良、勇敢、坚持……

中国人的精神内涵，体现在哪儿？体现在《易经》之中，体现在《论语》之中，也体现在《九歌》之中……

中华传统文化需要每一个中国新时代的青年传承下去，勤奋、善良、勇敢、坚持是每一个新时代青年需要的优良品质。我们需要范仲淹"先天下之忧而忧，后天下之乐而乐"的品格，我们需要曹雪芹在病痛缠身、生活穷苦之时，却依然奋笔疾书的勤奋；我们还需要孔夫子不被君王赏识，周游列国，却依然不放弃、穷尽毕生的坚持。

第一课　《山海经》二则

【作者介绍】

　　《山海经》是我国第一部大型地理著作，也是我国第一部神话传说汇编。该书作者不详，大体是战国中后期到汉代初中期的楚国或巴蜀人所作。古人认为该书是"战国好奇之士取《穆王传》，杂录《庄》《列》《离骚》《周书》《晋乘》以成者"。现代学者们认为《山海经》成书并非一时，作者也并非一人。《山海经》全书现存 18 篇，其余篇章已佚，有藏山经 5 篇、海外经 4 篇、海内经 5 篇、大荒经 4 篇。《汉书·艺文志》中共 13 篇。《山海经》不仅保存了丰富的神话资料，而且还涉及哲学、美学、宗教、民俗、民族、历史、地理、天文、气象、医药、动植物学、矿物学、海洋学、心理学等多个学术领域，可谓是包罗万象。

【原文】

精 卫 填 海

　　又北二百里，曰发鸠之山[1]，其上多柘木[2]，有鸟焉，其状[3] 如乌[4]，文首[5]，白喙，赤足[6]，名曰："精卫"，其鸣自詨[7]。是[8] 炎帝之少女[9]，名曰女娃。女娃游于东海，溺而不返，故[10] 为精卫。常衔西山之木石，以堙[11] 于东海。漳水出焉，东流注于河。

【注释】

[1] 发鸠之山：古代传说中的山名。
[2] 柘木：柘树，桑树的一种。
[3] 状：形状。
[4] 乌：乌鸦。
[5] 文首：头上有花纹。文，同"纹"，花纹。首，头。
[6] 赤足：古今异义词。文中指红色的脚，现代汉语中指光脚。

[7] 其鸣自詨（xiáo）：它的叫声是在呼唤自己的名字。詨，呼叫。

[8] 是：这。

[9] 炎帝之少女：炎帝的小女儿。

[10] 故：所以。

[11] 堙（yīn）：填塞。

【阅读提示】

传说精卫是炎帝神农氏的小女儿，溺于东海，死后化作神鸟，每天衔来石头投入东海，这就是《精卫填海》的故事，中国上古神话传说之一。这是一则十分神奇、美丽动人的关于自然的神话，神话是社会生产力水平较为原始的历史时期的产物，反映出早期人类对自然与社会的认识，故事表现出了远古人类征服自然、战胜自然的坚定意志。精卫填海的故事最早载于《山海经·北山经》。陶渊明曾有诗云："精卫衔微木，将以填沧海。"李贺《恼公》也曾写道："古时填渤澥，今日凿崆峒。"

【原文】

夸父逐日

夸父与日逐走[1]，入日[2]；渴，欲得饮[3]，饮于河，渭[4]；河，渭不足，北饮大泽[5]。未至[6]，道渴而死[7]。弃[8] 其杖，化为邓林[9]。

【注释】

[1] 逐走：赛跑。逐，竞争。走，跑。

[2] 入日：追赶到了太阳落下的地方。

[3] 欲得饮：很想能够喝水解渴。

[4] 河，渭：河是黄河，渭是渭水。

[5] 北饮大泽：大湖。传说纵横千里，在雁门山北。

[6] 未至：没赶到。

[7] 道渴而死：半路上因为口渴而死去。渴，感到口渴。

[8] 弃：遗弃。

[9] 邓林：地名，现址在大别山附近河南、湖北、安徽三省交界处。邓林即"桃林"。

《夸父逐日》出自《山海经·海外北经》，中国上古神话传说之一。传说在黄帝时代，峨眉山夸父族的首领夸父想追上太阳，于是就开始逐日。夸父善于奔跑，力大无比，后来他喝干了黄河和渭水里的水。这个神话充分表现出了夸父的宏大志向和英雄气概。

【思考与探究】

1. 这两个故事都有浓重的悲剧色彩，请谈谈两个故事中人物共同的精神品质。

2. 《山海经》中还有哪些你知道的神话？请谈谈你对中国古代神话的认识。

【相关资料链接】

《山海经》的相关知识

最早提到"山海经"的信史是司马迁《史记》。从《汉书》到《新唐书》的记载，《山海经》一直被视为具有实用价值的地理书。汉代刘歆在其《上〈山海经〉表》中指出：《山海经》内别五方之山，外分八方之海，纪其珍宝奇物，异方之所生，水土草木禽兽昆虫麟凤之所止，祯祥之所隐，及四海之外，绝域之国，殊类之人。禹别九州，任土作贡；而益等类物善恶，著《山海经》。

后世的《隋书·经籍志》以及不少史书，也把它列入地理类。

《汉书·艺文志》则把它列入刑法家之首，与《相人》《相六畜》之类的巫卜星相之书混在一起，《宋史·艺文志》将之列入五行类。

明清时期，《山海经》有着"古今语怪之祖""小说之最古"的评价；明代学者胡应麟在《四部正讹》中称它为专讲神怪之书，即"古之语怪之祖"。

清代纪昀在《四库全书总目提要》中，称它是最古的小说，云："究其本旨，实非黄老之言。……诸家并以为地理书之冠，亦为未允。核实定名，实则小说之最古者尔。"

晚清时期，张之洞的《书目答问》，将它看作是历史著作，列入"古史类"。

鲁迅先生则在《中国小说史略》中说，《山海经》"记海内外山川神祇异物及祭礼所宜……所载祠神之物多用糈，与巫术合，盖古之巫书也。"并说，"中国之神话与传说，今尚无集录为专书者。仅散见于古籍，而《山海经》中特多"。

而在近代至当代，《山海经》则根据研究者的研究方向和理论的不同，有着不同的性质。其中，该文献最具代表的性质为"上古时期的百科全书"。

第二课　《论语》四则

【作者介绍】

《论语》是儒家学派的经典著作之一，是由孔子的弟子及其再传弟子编撰而成，它是我国古代儒家经典著作之一。《论语》一共20篇，492章，它以语录体和对话文体为主，集中体现了孔子的政治主张、论理思想、道德观念和教育原则。它与《大学》《中庸》《孟子》《诗经》《尚书》《礼记》《易经》《春秋》合称为"四书五经"。

孔子（前551年—前479年），子姓，孔氏，名丘，字仲尼，春秋末期鲁国陬邑（今山东曲阜）人，祖籍宋国栗邑（今河南夏邑），中国古代思想家、教育家，儒家学派的创始人。

孔子开创了私人讲学之风，倡导仁义礼智信。孔子有弟子三千，其中贤人七十二。他曾带领部分弟子周游列国十三年，晚年修订了六经。孔子去世以后，其弟子及再传弟子把孔子及其弟子的言行语录和思想记录下来，整理编成《论语》。

【原文】

一

子曰："学而时习之，不亦说乎？有朋自远方来，不亦乐乎？人不知而不愠，不亦君子乎？"[1]

二

子曰："巧言令色，鲜矣仁！"[2]

三

曾子曰："吾日三省吾身，——为人谋而不忠乎？与朋友交而不信乎？传不习乎？"[3]

四

子路、曾皙、冉有、公西华侍坐。[4]

子曰："以吾一日长乎尔,毋吾以也。居则曰:'不吾知也!'如或知尔,则何以哉?"

子路率尔[5] 而对曰:"千乘之国[6],摄[7] 乎大国之间,加之以师旅[8],因之以饥馑[9];由也为之,比及[10] 三年,可使有勇,且知方[11] 也。"

夫子哂[12] 之。

"求,尔何如?"

对曰:"方六七十,如五六十[13],求也为之,比及三年,可使足民。如其礼乐,以俟君子。"

"赤,尔何如?"

对曰:"非曰能之,愿学焉。宗庙之事[14],如会同[15],端章甫[16],愿为小相焉。"

"点,尔何如?"

鼓瑟希[17],铿尔[18],舍瑟而作,对曰:"异乎三子者之撰[19]。"

子曰:"何伤乎?亦各言其志也。"

曰:"莫春[20] 者,春服既成[21],冠者[22] 五六人,童子[23] 六七人,浴乎沂[24],风乎舞雩[25],咏而归[26]。"

夫子喟然[27] 叹曰:"吾与[28] 点也!"

三子者出,曾皙后。曾皙曰:"夫三子者之言何如?"

子曰:"亦各言其志也已矣!"

曰:"夫子何哂由也?"

曰:"为国以礼,其言不让,是故哂之。唯求则非邦也与?安见方六七十,如五六十,而非邦也者?唯赤则非邦也与?宗庙会同,非诸侯而何?赤也为之小,孰能为之大?"

【注释】

[1] 选自《论语·学而》。《论语》是春秋战国时期的一部语录体散文集,主要记录了孔子和孔子弟子的言行。愠:生气,发怒。

[2] 选自《论语·学而》。令色:令:好。色:脸色。

[3] 选自《论语·学而》。曾子:曾参,孔子晚年重要弟子之一,有名的孝子。忠:尽心竭力,一心一意。

[4] 选自《论语·先进》。子路:姓仲,名由,字子路,又字季路,小孔子9岁。曾皙:姓曾,名点,字子皙,曾参的父亲。冉有:姓冉,名求,字子有。公西华:姓公西,名赤,字子华。他们四位都是孔子的学生。侍坐:卑者在尊者身旁陪伴叫"侍"。单用"侍"是陪伴者站着。用"侍坐"指双方都坐着;陪侍长者闲坐。

[5] 率尔:轻率而急遽的样子。

[6] 千乘（shèng）之国：拥有一千辆兵车的诸侯国。古时一车四马为"一乘"。能出车千乘的诸侯国，在当时算得上是一个中等诸侯国。

[7] 摄：迫近。可理解为"夹"。

[8] 师旅：古时军队的编制。五百人为一"旅"，五旅为一"师"。后因以"师旅"为军队的通称。

[9] 饥馑：谷物歉收为"饥"，蔬菜短缺为"馑"。

[10] 比（bì）及：等到。

[11] 方：正道。这里指辨别是非的道理。

[12] 哂（shěn）：微笑。这里略含讥讽的意思。

[13] 方六七十，如五六十：一个纵横六七十里，或者五六十里的小诸侯国。方，见方，方圆。计量面积或体积的一种单位。面积一方即一丈见方。方六七十，即国土边长为六七十里。如，或者，连词，表示选择关系。

[14] 宗庙之事：指诸侯的祭祀活动。其中以祭祀祖宗为代表。祭祖必在宗庙（祖庙），故以"宗庙之事"泛指。

[15] 如会同：或者是诸侯会盟，朝见天子。如，或者，连词，表示选择关系。会同，诸侯会盟。会，诸侯相见。同，诸侯共同朝见天子。

[16] 端章甫：穿着礼服，戴着礼帽。端，礼服。章甫，礼帽。在这里都是名词活用作动词。

[17] 希：通"稀"，指弹瑟的速度放慢，节奏逐渐稀疏。

[18] 铿（kēng）尔：铿的一声，琴瑟声止住了。铿，象声词，指弹瑟完毕时最后一声高音。尔，"铿"的词尾。

[19] 撰：才能，指为政的才能。

[20] 莫（mù）春：指夏历三月，天气已转暖的时节。莫，通"暮"。

[21] 春服既成：春天的衣服已经穿上了。春服，指夹衣或单衫。成，定。

[22] 冠者：古代男子二十岁时要举行冠礼，束发、加帽，表示成人。"冠者"指成年人。

[23] 童子：未加冠的少年（不到20岁）。

[24] 浴乎沂（yí）：到沂河里去洗洗澡。乎，介词，用法同"于"，状语后置，"乎沂"是状语。沂，水名，在今山东曲阜南。此水因有温泉流入，故暮春时即可入浴。

[25] 风乎舞雩（yú）：到舞雩台上去吹吹风。风。吹风，乘凉，名词活用作动词。舞雩，鲁国祭天求雨的地方，设有坛，在今山东曲阜南。"雩"是古代为求雨而举行的祭祀。古人行雩时要伴以音乐和舞蹈，故称"舞雩"。

[26] 归：通馈，进食，送食。

[27] 喟（kuì）然：长叹的样子。喟，叹息声。

[28] 与：赞许，同意。

第一则、第二则和第三则选自《论语·学而》。第一则讲述了学习方法、学习乐趣和为人态度。第二则是从"花言巧语，工于辞令"也就是"仁"的反面进行阐述，第三则讲述的是如何修身，"吾日三省吾身"这句话体现的就是人的自律精神。第四则选自《论语·先进》，主要记录了孔子与学生闲坐聊天，因势利导，对四位弟子循循善诱的场景。文章分为三个层次：问—答—评。首先是孔子提出问题，启发学生各尽其言。之后，弟子依次发言，神态、内容各不相同，孔子的反应也有所不同：对傲慢的子路，"夫子哂之"；对冉有、公西华的回答，孔子未置可否；对曾皙的回答，孔子的反应是"喟然叹曰：'吾与点也'"。对学生们的评价，是在子路、冉有、公西华离开后，应曾皙的请求说出的。孔子肯定了三人的治国志向，批评了子路"其言不让"的态度。

第四则还体现出孔子循循善诱的教育方法和以礼治国的政治主张。文章篇幅不长，但人物描写鲜活细致，每个人物的性格通过语言得到了充分的表现：孔子的善教于人、子路的直言不让、冉有的谦逊谨慎、公西华的善于辞令、曾皙的委婉感性，鲜明生动，言如其人。文章对人物动作的描写，也展现了每个人的个性，尤其是曾皙鼓瑟的几个动作，将人物悠然洒脱的性格表现了出来。

【思考与探究】

1. 结合自己的学习和生活，谈谈你对课文的理解。

2. 在孔子的评"志"中，孔子唯有对曾皙是赞赏有加，直接说出"吾与点也"，为什么孔子单赞同曾皙的观点？

【相关资料链接】

四　书

"四书五经"这个词组中国人已经非常熟悉了，这个词组甚至已成为描述中国文化的一个基本符号。"四书"相对于"五经"是较晚出现的。这个"晚"，晚的是"四书"的这一称呼。南宋时期的大儒朱熹将《大学》《中庸》《论语》《孟子》合到了一起，与千年前就有了的"五经"双峰并峙，共同成为中国人精神生活的支柱。

"四书"中蕴含了儒家思想的核心内容，是儒学认识论和方法的集中体现，记载了儒家先哲的思想和智慧，也体现出早期儒学形成的轨迹，在中国思想史上产生了深远的影响。

四书是中国传统文化的重要组成部分，是儒家思想的核心载体，更是中国历史文化古籍中的宝典。四书包含内容极其广泛、深刻，它在世界文化史、思想史上具有极高的地位。四书记载了中华民族思想文化发展史上活跃时期的政治、军事、外交、文化等各方面的史实资料及影响中国文化几千年的孔孟重要哲学思想。历代科举选仕，试卷命题必出自四书，足见其对为官从政之道、为人处世之道的重要程度。而今，四书所载内容和哲学思想对我们现代人仍具有积极的意义和参考价值。

第三单元　青春飞扬　追求理想

第三课　湘　夫　人[1]

【作者介绍】

屈原（约前 340 年—约前 278 年），名平，战国末期楚国诗人，出身于贵族。中国古代杰出的政治家、爱国诗人。

屈原的作品对后世文学的发展产生了深远的影响，代表作品有《离骚》《九歌》《天问》等。

【原文】

帝子降兮北渚[2]，目眇眇兮愁予[3]。

袅袅兮秋风[4]，洞庭波兮木叶下。

登白薠兮骋望[5]，与佳期兮夕张[6]。

鸟何萃兮蘋中[7]？罾何为兮木上[8]？

沅有茝兮醴有兰[9]，思公子兮未敢言[10]。

荒忽兮远望[11]，观流水兮潺湲[12]。

麋何食兮庭中？蛟何为兮水裔[13]？

朝驰余马兮江皋[14]，夕济兮西澨[15]。

闻佳人兮召予，将腾驾兮偕逝[16]。

筑室兮水中，葺之兮荷盖[17]。

荪壁兮紫坛[18]，播芳椒兮成堂[19]。

桂栋兮兰橑[20]，辛夷楣兮药房[21]。

罔薜荔兮为帷[22]，擗蕙櫋兮既张[23]。

白玉兮为镇[24]，疏石兰兮为芳[25]。

芷葺兮荷屋，缭之兮杜衡[26]。

合百草兮实庭[27]，建芳馨兮庑门[28]。

九嶷缤兮并迎[29]，灵之来兮如云[30]。

捐余袂兮江中[31]，遗余褋兮醴浦[32]。

搴汀洲兮杜若[33]，将以遗兮远者[34]。

时不可兮骤得[35]，聊逍遥兮容与[36]。

【注释】

[1] 湘夫人：选自《楚辞章句》。《楚辞》收集战国时代楚国屈原、宋玉和汉代贾谊等人的诗赋，西汉刘向编辑整理，东汉王逸作章句［对古书的分析解释］。《湘夫人》是《九歌》中的一篇。《九歌》是屈原十一篇作品的总称。"九"是泛指，非实数，《九歌》本是古乐章名。王逸《楚辞章句》认为："昔楚国南郢之邑，沅湘之间，其俗信鬼而好祠。其祠必作歌乐鼓舞以乐诸神。屈原放逐，窜伏其间，怀忧苦毒，愁思沸郁，出见俗人祭祀之礼，歌舞之乐，其辞鄙陋，因作《九歌》之曲，上陈事神之敬，下见已之冤结，托之以讽谏。"也有人认为是屈原在民间祭歌的基础上加工而成的。此篇与《九歌》中另一篇《湘君》为姊妹篇。关于湘夫人和湘君为谁，多有争论。二人为湘水之神，则无疑。此篇写湘君期待湘夫人而不至，产生的思慕哀怨之情。湘夫人：与湘君并称为楚地传说中的湘水配偶神。有人认为湘君、湘夫人与虞舜及其二妃娥皇、女英的传说有关，湘君即舜，湘夫人即娥皇、女英。

[2] 帝子：指湘夫人。舜妃为帝尧之女，故称帝子。

[3] 眇（miǎo）眇：极目远望的样子。愁予（yú）：使我发愁。予，我，下文"闻佳人兮召予"中"予"同。

[4] 袅（niǎo）袅：微风吹拂的样子。一作"嫋嫋"。

[5] 蘋（fán）：草名，多生长在秋季沼泽地。骋望：纵目远望。

[6] 期：期约，约会。张：陈设，指陈设帷帐、祭品等。

[7] 萃：聚集。鸟本当集在木上，反说在水草中。蘋（pín）：水草。

[8] 罾（zēng）：渔网。罾原当在水中，反说在木上，比喻所愿不得，失其应处之所。

[9] 茝：香草名，即白芷。醴：（lǐ），即澧水，在今湖南省，流入洞庭湖。

[10] 公子：指帝子，湘夫人。古代贵族称公族，贵族子女不分性别，都可称"公子"。

[11] 荒忽：恍惚，迷迷糊糊的样子。

[12] 潺（chán）湲（yuán）：水流缓慢但不间断的样子。

[13] 水裔：水边。

[14] 江皋（gāo）：江边。

[15] 济：渡水。澨（shì）：水边。

[16] 偕逝：同去，这里指与使者同往。

[17] 葺（qì）：修补，这里指用茅草盖屋。

[18] 荪：一种香草。

[19] 搴：双手捧取。芳椒：芳香的椒树子。

[20] 橑（lǎo）：屋椽。

［21］楣：门上的横梁。

［22］罔：通"网"，作编织讲。薜（bì）荔（lì）：一种香草，缘木而生。

［23］擗（pǐ）：剖开。櫋（mián）：檐际木，这里作"幔"讲，帐顶。

［24］镇：镇压坐席之物。

［25］疏：散布，分陈。

［26］缭：缠绕。

［27］实：充满。

［28］庑（wǔ）：厢房。

［29］九嶷（yí）：山名，又名苍梧，传说中舜的葬地，在湘水南，这里指山神。缤：盛多的样子。

［30］灵：指九嶷山上的众神，一说指湘夫人。

［31］袂（mèi）：衣袖。

［32］褋（dié）：汗衫。

［33］搴（qiān）：采摘。

［34］遗（wèi）：赠送。

［35］骤：轻易，一下子。

［36］聊：姑且。容与：从容自在的样子。

【阅读提示】

湘水是楚国境内所独有的河流，湘夫人与湘君是湘水的一对配偶神。湘君、湘夫人这对神仙的爱情反映的是原始先民崇拜自然神灵的一种意识形态和"神人恋爱"的构想。诗题虽为《湘夫人》，但诗中的主人公其实是湘君。这首诗主要是描写相恋者生死契阔、会合无缘。作品始终以候人不来为线索，在怅惘中向对方表示深长的怨望，但彼此之间的爱情始终不渝。全诗一方面表达出了对纯洁爱情的渴望，象征着人们对于美好生活的追求，另一方面，也是屈原的身世悲剧的映射。

整篇作品情感深沉，如泣如诉，语言华美，意象丰富，在修辞上又多用比喻手法和排比句式，反映了楚辞典型的浪漫主义风格特色。该作品对于后世诗歌的创作产生了深刻而积极的影响。

【思考与探究】

1. 湘君对湘夫人的思念之情有几个层次？

2. 全诗的浪漫主义色彩主要表现在哪些方面？

九　歌

　　《九歌》代表了屈原艺术创作的最高成就，它以楚国宗祖的功德和英雄业绩、以山川神祇和自然风物、以神话故事和历史传说为诗，抒发了屈原晚年被放逐南楚沅湘之间忠君爱国、忧世伤时的愁苦心情和"荡志而愉乐""聊以舒吾忧心""寓情草木，托意男女""吟咏情性，以风其上"的中心意旨。

第三单元　青春飞扬　追求理想

第四课　渔　家　傲[1]

【作者介绍】

李清照（1084 年—1155 年），号易安居士，宋齐州章丘（今山东济南章丘西北）人，居济南。宋代女词人，婉约派代表，有"千古第一才女"之称。

李清照出身于书香门第，早期生活优渥，其父李格非藏书甚丰。她小时候在良好的家庭环境中打下文学基础，出嫁后与丈夫赵明诚共同致力于书画金石的搜集整理。金兵入驻中原时，李清照流寓南方，境遇孤苦。其词前期多写悠闲生活，后期多悲叹身世，情调感伤。艺术风格上善用白描，自辟途径，语言清丽。论词强调协律，崇尚典雅，提出词"别是一家"之说，反对以作诗文之法作词。其诗留存不多，部分篇章感时咏史，情辞慷慨，与其词风不同。有《李易安集》《易安居士文集》《易安词》，已佚。后人辑有《漱玉集》《漱玉词》。

【原文】

天接云涛[2] 连晓雾，星河[3] 欲转千帆舞。仿佛梦魂归帝所[4]，闻天语，殷勤[5] 问我归何处。

我报路长嗟[6] 日暮，学诗谩[7] 有惊人句。九万里风鹏正举[8]。风休住，蓬舟[9] 吹取三山[10] 去！

【注释】

[1] 渔家傲：词牌名。

[2] 云涛：如波涛翻滚的云。一说指海涛。

[3] 星河：银河。

[4] 帝所：天帝居住处。

[5] 殷勤：情意恳切。

[6] 嗟（jiē）：慨叹。

[7] 谩：同"漫"，徒然。

[8] 九万里风鹏正举：我要像大鹏鸟那样乘风高飞。举，高飞。《庄子·逍遥游》中有："鹏之徙于南冥也，水击三千里，抟扶摇而上者九万里。"

[9] 蓬舟：如飞蓬般轻快的船。

[10] 三山：指神话中的蓬莱、方丈、瀛洲三座海上仙山。

【阅读提示】

这首词是婉约派代表词人李清照之作，气势豪迈，有明显的豪放派风格，是李清照词中仅见的浪漫主义名篇。

词的开头展现一幅壮阔美好海天一色的图画。天、云、雾、星河、千帆，景象十分壮丽。词句既有生活的真实感，也有梦境的虚幻，虚实相合，为整首词奠定了奇情壮采的基调。词人接下来写到"仿佛"三句，词人在梦中见到了天帝。"梦魂"二字，是这首词的关键所在。词人经过海上航行，一缕梦魂仿佛升入天国，见慈祥的天帝。"殷勤"这句，虽然只是一句简简单单的问话，却饱含着词人深厚的感情，寄寓着自己美好的理想。

此词则上下两片之间，一气呵成，紧密相扣。上片末二句是写天帝的问话，过片二句是写词人的对答。"我报路长嗟日暮"，句中的"报"字与上片的"问"字，便是跨越两片的桥梁。问答之间语气衔接毫无停顿。词人结合自己身世，把屈原在《离骚》中"上下求索"的情怀隐喻其中，仅仅用了"路长""日暮"这四个字，就概括出了"上下求索"的意念与过程，语言自然浑成。此句与"学诗"相连，是词人向天帝倾诉自己空有一身才华，却逢不幸遭遇的苦闷心情。词人在现实之中难觅知音，无处倾诉，所以只能通过这种幻想的方式来纾解内心的郁愤。

"九万里风鹏正举"，"鹏正举"三字是词人进一步对大风的烘托，由实写再到虚写，使得形象更加宏伟，境界更加宏大。在大鹏正在高举之时，词人突然大喊一声："风休住，蓬舟吹取三山去！"大气磅礴的气势，表露无遗。"蓬舟吹取三山去"，词人从旧典中引出新意，借取鹏抟九天的风力，吹到了三山，写出了豪迈的气势以及辽阔高远的境界。上片写到天帝询问词人归于何处，而在此处就交代了海中仙山即词人的归宿。首尾呼应，结构严谨。

在这首词中，词人把自己真实的生活感受融入梦境之中，使得梦境与生活、历史和现实合为一体，形成了气度恢宏、格调雄奇的意境，充分展现出了词人豪放不羁的性格。

【思考与探究】

1. "我报路长嗟日暮，学诗谩有惊人句"中的"嗟""谩"二字有何意蕴？说一说这两句表达了词人怎样的思想感情。

2. 请结合这首词的内容，分析词人表达的情感。

漱 玉 集

　　《漱玉集》是宋代女词人李清照创作的词集。李清照晚年时期（南宋绍兴年间）将自己的词集命名为《漱玉集》（一作《漱玉词》）。漱玉集由济南李清照故居前的漱玉泉得名。济南七十二名泉之一的漱玉泉，水质清澈见底，涓涓泉水从池底涌溢出池外，跌落至石上，水石相激之声，好似漱玉一般，相传早年时期的李清照曾在泉边洗漱。漱玉泉至今依旧在流淌，位于济南趵突泉公园内的李清照纪念堂门口。

　　陈振孙《直斋书录解题》著录长沙《百家词》本《漱玉集》一卷，并曰"别本分五卷"。黄升《唐宋诸贤绝妙词选》谓李清照《漱玉集》三卷。《宋史·艺文志》则著录《易安词》六卷。然而以上诸本皆佚。明毛晋得洪武三年抄本刻入《诗词杂俎》，仅十七首。原本李清照词颇多佳作，可惜流传不多。有明代毛晋汲古阁刻本，于1卷外，另有《补遗》1卷、《附录》1卷。中华书局版《李清照集》中收词40首，附录36首。

第五课　香菱学诗[1]

【作者介绍】

曹雪芹（约 1715 年—约 1763 年）清代小说家。名霑，字梦阮，号雪芹，又号芹圃、芹溪。祖籍辽阳，其先世原是汉族，后为满洲正白旗"包衣"。曹家的家境几经变迁，由奢华到衰败，经历了生活中的重大转折，这也使得曹雪芹深感世态炎凉，对封建社会有了更加清醒和深刻的认识。曹雪芹蔑视权贵，远离官场，过着贫困如洗的艰难日子。晚年他移居到北京西郊，病痛缠身，生活更加穷苦，"满径蓬蒿"，"举家食粥"。他用了十年时间，以坚韧不拔的毅力，致力于《石头记》（《红楼梦》）的写作和修订。《红楼梦》是中国古典长篇小说中成就最高的写实主义作品，位列我国古典四大名著之首。

【原文】

且说香菱见过众人之后，吃过晚饭，宝钗等都往贾母处去了，自己便往潇湘馆中来。此时黛玉已好了大半，见香菱也进园来住，自是欢喜。香菱因笑道："我这一进来了，也得了空儿，好歹教给我作诗，就是我的造化了。"黛玉笑道："既要作诗，你就拜我作师。我虽不通，大略也还教得起你。"香菱笑道："果然这样，我就拜你作师。你可不许腻烦的。"黛玉道："什么难事，也值得去学！不过是起承转合，当中承转是两副对子，平声对仄声，虚的对实的，实的对虚的[2]，若是果有了奇句，连平仄虚实不对都使得的。"香菱笑道："怪道我常弄一本旧诗偷空儿看一两首，又有对的极工的，又有不对的，又听见说'一三五不论，二四六分明[3]'。看古人的诗上亦有顺的，亦有二四六上错了的，所以天天疑惑。如今听你一说，原来这些格调规矩竟是末事，只要词句新奇为上。"黛玉道："正是这个道理，词句究竟还是末事，第一立意要紧。若意趣真了，连词句不用修饰，自是好的，这叫作'不以词害意'。"香菱笑道："我只爱陆放翁的诗'重帘不卷留香久，古砚微凹聚墨多'，说的真有趣！"黛玉道："断不可学这样的诗[4]。你们因不知诗，所以见了这浅近的就爱，一入了这个格局，再学不出来的。你只听我说，你若真心要学，我这里有《王摩诘全集》你且把他的五言律读一百首，细心揣摩透熟了，然后再读一二百首老杜的七言律，次再李青莲的七言绝句读一二百首。肚子里先有了这三个人作了底子，然后再把陶渊明、应场、谢、阮、庚、鲍等人的一看。你又是一个极聪敏伶俐的人，不用一年的工夫，不愁不是诗翁了！"香菱听了，笑道："既这样，好姑娘，你就把这书给我拿出来，我带回去夜里念几首也是好的。"黛玉听说，便命紫鹃[5]将王右丞的五言律拿来，递与香菱，又道："你只看有红圈的都是我选的，有一首念一首。不明白的问你姑娘，或者遇见我，我讲与你就是了。"香菱拿了诗，回至蘅芜院中，诸事不顾，只向灯下一首一首的读起来。宝钗连催他数次睡觉，他也不睡。宝钗见他这般苦心，只得随他去了。

一日，黛玉方梳洗完了，只见香菱笑吟吟的送了书来，又要换杜律。黛玉笑道："共记得多少首？"香菱笑道："凡红圈选的我尽读了。"黛玉道："可领略了些滋味没有？"香菱笑道："领略了些滋味，不知可是不是，说与你听听。"黛玉笑道："正要讲究讨论，方能长进。你且说来我听。"香菱笑道："据我看来，诗的好处，有口里说不出来的意思，想去却是逼真的。有似乎无理的，想去竟是有理有情的。"黛玉笑道："这话有了些意思，但不知你从何处见得？"香菱笑道："我看他《塞上》一首，那一联云：'大漠孤烟直，长河落日圆。'想来烟如何直？日自然是圆的。这个'直'字似无理，'圆'字似太俗。合上书一想，倒像是见了这景的。若说再找两个字换这两个，竟再找不出两个字来。再还有'日落江湖白，潮来天地青'：这'白''青'两个字也似无理。想来，必得这两个字才形容得尽，念在嘴里倒像有几千斤重的一个橄榄。还有'渡头余落日，墟里上孤烟'，这'余'字和'上'字，难为他怎么想来！我们那年上京来，那日下晚便湾住[6]船，岸上又没有人家，只有几棵树，远远的几家人家作晚饭，那个烟竟是碧青，连云直上。谁知我昨日晚上读了这两句，倒像我又到了那个地方去了。"

正说着，宝玉和探春也来了，也都入坐听他讲诗。宝玉笑道："既是这样，也不用看诗。会心处不在多[7]，听你说了这两句，可知'三昧'你已得了。"黛玉笑道："你说他这'上孤烟'好，你还不知他这一句还是套了前人的来。我给你这一句瞧瞧，更比这个淡而现成。"说着便把陶渊明的"暧暧远人村，依依墟里烟"翻了出来，递与香菱。香菱瞧了，点头叹赏，笑道："原来'上'字是从'依依'两个字上化出来的。"宝玉大笑道："你已得了，不用再讲，越发倒学杂了。你就作起来，必是好的。"探春笑道："明儿我补一个柬来，请你入社。"香菱笑道："姑娘何苦打趣我，我不过是心里羡慕，才学着顽罢了。"

探春黛玉都笑道："谁不是顽？难道我们是认真作诗呢！若说我们认真成了诗，出了这园子，把人的牙还笑倒了呢。"宝玉道："这也算自暴自弃了。前日我在外头和相公们商议画儿，他们听见咱们起诗社，求我把稿子给他们瞧瞧。我就写了几首给他们看看，谁不真心叹服。他们都抄了刻去了。"探春黛玉忙问道："这是真话么？"宝玉笑道："说谎的是那架上的鹦哥。"黛玉探春听说，都道："你真真胡闹！且别说那不成诗，便是成诗，我们的笔墨也不该传到外头去。"宝玉道："这怕什么！古来闺阁中的笔墨不要传出去，如今也没有人知道了。"说着，只见惜春打发了入画[8]来请宝玉，宝玉方去了。

香菱又逼着黛玉换出杜律来，又央黛玉探春二人："出个题目，让我诌去，诌了来，替我改正。"黛玉道："昨夜的月最好，我正要诌一首，竟未诌成，你竟作一首来。十四寒[9] 的韵，由你爱用那几个字去。"香菱听了，喜的拿回诗来，又苦思一回作两句诗，又舍不得杜诗，又读两首。如此茶饭无心，坐卧不定。宝钗道："何苦自寻烦恼。都是颦儿引的你，我和他算账去。你本来呆头呆脑的，再添上这个，越发弄成个呆子了。"香菱笑道："好姑娘，别混我。"一面说，一面作了一首，先与宝钗看。宝钗看了笑道："这个不好，不是这个作法。你别怕臊，只管拿了给他瞧去，看他是怎么说。"香菱听了，便拿了诗找黛玉。黛玉看时，只见写道是：

　　月桂[10] 中天[11] 夜色[12] 寒，清光[13] 皎皎[14] 影团团[15]。
　　诗人助兴常思玩[16]，野客[17] 添愁不忍观。
　　翡翠[18] 楼边悬玉镜[19]，珍珠[20] 帘外挂冰盘[21]。
　　良宵何用烧银烛[22]，晴彩[23] 辉煌映画栏。

　　黛玉笑道："意思却有，只是措词不雅。皆因你看的诗少，被他缚住了。把这首丢开，再作一首，只管放开胆子去作。"

　　香菱听了，默默的回来，越发连房也不入，只在池边树下，或坐在山石上出神，或蹲在地下抠土，来往的人都诧异。李纨、宝钗、探春、宝玉等听得此信，都远远的站在山坡上瞧看他。只见他皱一回眉，又自己含笑一回。宝钗笑道："这个人定要疯了！昨夜嘟嘟哝哝直闹到五更天才睡下，没一顿饭的工夫天就亮了。我就听见他起来了，忙忙碌碌梳了头就找颦儿去。一回来了，呆了一日，作了一首又不好，这会子自然另作呢。"宝玉笑道："这正是'地灵人杰'，老天生人再不虚赋情性的。我们成日叹说可惜他这么个人竟俗了，谁知到底有今日。可见天地至公。"宝钗笑道："你能够像他这苦心就好了，学什么有个不成的。"宝玉不答。

　　只见香菱兴兴头头的又往黛玉那边去了。探春笑道："咱们跟了去，看他有些意思没有。"说着，一齐都往潇湘馆来。只见黛玉正拿着诗和他讲究。众人因问黛玉作的如何。黛玉道："自然算难为他了，只是还不好。这一首过于穿凿[24] 了，还得另作。"众人因要诗看时，只见作道：

　　非银非水映窗寒，拭看晴空[25] 护玉盘[26]。
　　淡淡[27] 梅花香欲染[28]，丝丝[29] 柳带[30] 露初干。
　　只疑残粉[31] 涂金砌[32]，恍若轻霜[33] 抹玉栏。
　　梦醒西楼人迹绝，余容[34] 犹可隔帘看。

　　宝钗笑道："不像吟月了，月字底下添一个'色'字倒还使得，你看句句倒是月色。这也罢了，原来诗从胡说来，再迟几天就好了。"

　　香菱自为这首妙绝，听如此说，自己扫了兴，不肯丢开手，便要思索起来。因见他姊妹们说笑，便自己走至阶前竹下闲步，挖心搜胆，耳不旁听，目不别视。一时探春隔窗笑说道："菱姑娘，你闲闲罢。"香菱怔怔答道："'闲'字是十五删的，你错了韵了。"众人听了，不觉大笑起来。宝钗道："可真是诗魔了。都是颦儿引的他！"黛玉道："圣人说，'诲人不倦[35]'，他又来问我，我岂有不说之理。"李纨笑道："咱们拉了他往四姑娘房里去，引他瞧瞧画儿，叫他醒一醒才好。"

说着，真个出来拉了他，过藕香榭，至暖香坞中。惜春正乏倦，在床上歪着睡午觉，画缯立在壁间，用纱罩着。众人唤醒了惜春，揭纱看时，十停方有了三停。香菱见画上有几个美人，因指着笑道："这一个是我们姑娘，那一个是林姑娘。"探春笑道："凡会作诗的都画在上头，快学罢。"说着，顽笑了一回。

各自散后，香菱满心中还是想诗。至晚间对灯出了一回神，至三更以后上床卧下，两眼睁睁[36]直到五更方才朦胧睡去了。一时天亮，宝钗醒了，听了一听，他安稳睡了，心下想："他翻腾了一夜，不知可作成了？这会子乏了，且别叫他。"正想着，只听香菱从梦中笑道："可是有了，难道这一首还不好？"宝钗听了，又是可叹，又是可笑，连忙唤醒了他，问他："得了什么？你这诚心都通了仙了。学不成诗，还弄出病来呢！"一面说，一面梳洗了，会同姊妹往贾母处来。

原来香菱苦志学诗，精血诚聚，日间作不出，忽于梦中得了八句。梳洗已毕，便忙录出来，自己并不知好歹，便拿来又找黛玉。刚到沁芳亭，只见李纨与众姊妹方从王夫人处回来，宝钗正告诉他们说他梦中作诗说梦话。众人正笑，抬头见他来了，便都争着要诗看。

……

话说香菱见众人正说笑，他便迎上去笑道："你们看这一首。若使得，我便还学；若还不好，我就死了这作诗的心了。"说着，把诗递与黛玉及众人看时，只见写道是：

精华欲掩料应难[37]，影自娟娟魄自寒[38]。
一片砧敲千里白[39]，半轮鸡唱五更残[40]。
绿蓑江上秋闻笛[41]，红袖楼头夜倚栏[42]。
博得嫦娥应借问，　缘何不使永团圆[43]！

众人看了笑道："这首不但好，而且新巧有意趣，可知俗语说'天下无难事，只怕有心人。'社里一定请你了。"

【注释】

[1] 选自《红楼梦》第四十八回《滥情人情误思游艺　慕雅女雅集苦吟诗》、第四十九回《琉璃世界白雪红梅　脂粉香娃割腥啖膻》。

[2] 虚的对实的，实的对虚的：此说当存疑。很可能这是就诗境而言，如"织女机丝虚夜月，石鲸鳞甲动秋风"（杜甫《秋兴·其七》），出句为虚境，对句为实境。如就词性而言，只能是实对实，虚对虚。

[3] 一三五不论，二四六分明：近体诗（律诗和绝句）诗句的平仄既有严格

规定，又可以灵活处理。每句第一、三、五字为平声者可以仄声代，反之亦然；但第二、四、六字必须严守规定，不得随意改变。

　　[4] 断不可学这样的诗：这是黛玉对陆游那两个诗句的批评。按：所引陆诗出自《剑南诗集》卷引，原题是《书室明暖，终日婆娑其间，倦则扶杖至小园，戏作长句·其二》，据此可知这是休闲之作，说不上有什么深邃的意境。古人云：法乎其上，仅得其中；法乎其中，仅得其下。黛玉主张先学王维、杜甫、李白的诗，即有"法乎其上"之意；对休闲之作她是瞧不上眼的，所以说"断不可学这样的诗"。

　　[5] 紫鹃：黛玉的丫头。

　　[6] 湾住：停泊。湾，一本作"挽"。

　　[7] 会心处不在多："多"，当作"远"。按，此语出自《世说新语·言语第二》："简文（东晋简文帝司马昱）入华林园，顾谓左右曰'会心处不必在远，翳然林水，便自有濠濮间想（指庄子的处世哲学）也。'"宝玉说这话的意思是，评论诗文当以个人内心体验为主，不必舍近（个人体验）求远。

　　[8] 入画：惜春的丫头名。

　　[9] 十四寒：我国古代的韵书把同韵的字归为一部，每韵用一个字标目，按次排列。在《佩文韵府》里，"寒"韵的次第排在上平十四位，故称"十四寒"。下文"十五删"表明"删"韵的次第排在上平十五位。

　　[10] 月桂：传说月中有桂树，故以"月桂"代指月亮。南朝·梁·萧绎《漏刻铭》："宫槐晚合，月桂宵辉。"

　　[11] 中天：天中央或当空。

　　[12] 夜色：夜间的景色。唐·杜甫《放船》诗："已泊城楼底，何曾夜色阑。"

　　[13] 清光：指月亮的光辉。

　　[14] 皎皎：形容很白很亮。魏·嵇康《杂诗》："皎皎亮月，丽于高隅。"

　　[15] 团团：圆形。

　　[16] 玩：指欣赏、品味。

　　[17] 野客：离乡游子，或谓寓居他乡孤独无亲之人。"野客"句，客居他乡之人，恐增多了忧虑，故不敢观看。

　　[18] 翡翠：美食，也称硬玉，以全为碧绿而透者为贵。可做首饰、手镯、指环等。

　　[19] 玉镜：喻明月。唐·郑谷《夕春伴同年礼部赵员外省直》诗："冰含玉镜春寒在，粉傅仙闹月色多。"

　　[20] 珍珠：蚌类所生的珠粒。此处为华丽的楼帘的装饰词。

　　[21] 冰盘：喻月亮。

　　[22] 银烛：指白色的蜡烛。

　　[23] 晴彩：指晴空中的光。

[24] 穿凿：非常牵强的解释，把没有这种意思说成有这种意思。

[25] 晴空：晴朗的天空。唐·李白《秋登宣城谢朓北楼》："江城如画里，山晚望晴空。"

[26] 玉盘：喻团圆的明月。唐·李白《古朗月行》："小时不识月，呼作白玉盘。"

[27] 淡淡：指颜色浅淡。

[28] 染：浸染上。"淡淡梅花"句，月光像浸染上浅淡的梅花的芳香。

[29] 丝丝：形容纤细。宋·陆游《花时遍游诸家园》："丝丝红萼弄春柔，不似疏梅只惯愁。"

[30] 柳带：指柳枝。

[31] 残粉：指褪色的白粉。

[32] 金砌：被金粉刷过的金黄色的台阶。

[33] 轻霜：指薄薄的霜。

[34] 余容：指将要落的残月。

[35] 诲人不倦：教人时不嫌疲劳。形容教导特别耐心。

[36] 睁睁：形容忧愁失眠的样子。

[37] 精华欲掩料应难：大意是月光灿烂，想掩盖也掩盖不了。精华，本道家语"日精月华"，光华、光辉之意。

[38] 影自娟娟魄自寒：它的外貌是那样娟秀，背面却是那样凄清。影，这里指月的正面。魄，月的背面，即不受日光照射那一面。从作法上看，本句中的"寒"字乃一篇之骨，以下借"砧敲""鸡唱""闻笛""倚栏"写离愁及故园之思，皆本此。

[39] 一片砧（zhēn）敲千里白：皓月当空，银光一泻千里，处处传来妇人捣衣之声。砧，捣衣时垫在下面的石头。李白《子夜吴歌》云："长安一片月，万户捣衣声。秋风吹不尽，总是玉关情。何日平胡虏，良人罢远征。"香菱化用此诗意境，表达妇人对远在边陲的丈夫的思念——这种思念在月下捣衣时变得更加浓烈。

[40] 半轮鸡唱五更残：缺月在天，雄鸡高唱，正是五更将尽时分。五更，相当于凌晨四至六时。这并非单纯写景。古人出行大多在黎明时分，因此写黎明景象正是为了写别情。例如："春山烟欲收，天淡星稀小。残月脸边明，别泪临清晓。"（后唐牛希济《生查子》）。"月华收，云淡霜天曙。西征客，此时情苦。翠娥执手，送临歧、轧轧开朱户。"（宋柳永《采莲令》）。"执手霜风吹鬓影，去意徊徨，别语愁难听。楼上阑干横斗柄，露寒人远鸡相应。"（宋周邦彦《蝶恋花》）。香菱这首诗将"半轮（月）""鸡唱""五更残"这三个典型细节融成一体，也正是为了渲染离别时黯然伤神的气氛。

[41] 绿蓑江上秋闻笛：绿蓑，泛指江上的人，不限于渔翁。秋闻笛，可理解为秋夜月下闻笛。笛声凄清、高远，能引发人们对故乡以及远方亲友的思念。李

白《春夜洛阳闻笛》云："谁家玉笛暗飞声，散入春风满洛城。此夜曲中闻折柳，何人不起故园情？"香菱这一句所表达的也正是这种感情。

[42] 红袖楼头夜倚栏："楼头夜倚栏"，更确切地说，当是"楼头倚栏望月"，在古代诗词中已成为一个用来表述相思之情的典型化细节。例如"闻道欲来相问讯，西楼望月几回圆"（韦应物《寄李儋元锡》），"明月楼高休独倚，酒入愁肠，化作相思泪"（范仲淹《苏幕遮》）等。香菱此句亦不例外。

[43] 博得嫦娥应自问，何缘不使永团圆：大意是，嫦娥看到人间有如此浓重的离情，不禁问自己道："为什么不能让那些分离了的亲人重新团聚在一起，永不分离呢？"一说，这是嫦娥因月有盈亏这种现象而发问，她希望夜夜都是满月。香菱以此结束全诗也表明了她跟父母团聚的希望。

【阅读提示】

《香菱学诗》虽说是《红楼梦》中的一个插曲，但联系香菱的一生遭际来看，这个插曲的描写作者是颇具匠心的。脂砚斋有精辟的分析："细想香菱之为人也，根基不让迎探，容貌不让凤秦，端雅不让纨钗，风流不让湘黛，贤惠不让袭平，所惜者幼年雁祸，命运乖蹇，致为侧室。且曾读书，不能与林湘辈并驰于海棠之社耳。然此一人岂可不入园哉。故欲令入园，终无可入之隙，筹画再四，欲令入园必呆兄远行后方可。"香菱是《红楼梦》中出场最早的薄命女，自幼被拐，之后被薛蟠强买为妾，再后来薛蟠娶了夏金桂之后，她的命运就更为不堪，很快被折磨致死。作者写她学诗，主要也是为了增加读者对她的好感。这样，当她被无情的命运折磨致死时，就使悲剧性更为强烈了。

香菱学诗，大致分三步。第一步是拜黛玉为师，并在黛玉指导下细细品味王维诗。第二步是一边读杜甫诗，一边尝试作诗。第三步是经历了两次失败，终于成功。香菱作的第一首诗比较幼稚，用语直露，把前人咏月习用的辞藻堆砌起来。当然最大的问题是全诗没有表达真情实感，也没有新意。诗中所用"月桂""玉镜""冰盘"等，辞藻陈腐，所以黛玉说"被他缚住了"，不能从前人的模式中跳出来。她的第二首诗就有了一些进步，能用"花香""轻霜"等比喻，又用"人迹""隔帘"等情景烘托，渐渐放开了手脚。但"玉盘""玉栏"等词语仍有陈旧的气息，而且全诗在咏月色而不是月亮本身，有些偏题了，所以黛玉说"这一首过于穿凿了"。香菱的第三首诗是成功的。除首联外，句句都似非写月，但句句与月相关。用词典雅含蓄，设意新奇别致。尤其是颔联，对仗工整，言浅意深，堪称精妙。第三首诗成功的最大原因，是香菱切合自己的身世，借咏月而怀人，流露出了真情实感。这样，诗就不是空洞的而是变得有内涵。香菱写诗的成功，一方面说明了她自己的聪明与优雅素质，另一方面也说明了一个道理，那就是小说四十九回写众人看了她第三首诗所说的"天下无难事，只怕有心人"。

【思考与探究】

1. 试分析香菱学诗取得成功的原因。
2. 从课文中找出有关描写香菱学诗的语句，分析这些描写的传神之处。

【相关资料链接】

《红楼梦》的版本

《红楼梦》的版本可分为80回"脂本"和120回"程高本"两大系统。"脂本"就是带有脂砚斋评语的早期的手抄本。关于脂砚斋的身份有甚多说法，但是有一点毋庸置疑，此人与曹雪芹的关系非常亲密。脂批在很多地方透露了作者当时的写作背景和意图，也是红学最主要的考证来源。"脂本"是"程高本"的底本，"程高本"就是程伟元、高鹗整理补缀不带评语的版本。"程高本"又分程甲本（第一次印刷的版本）和程乙本，程乙本删减改动较多。对于《红楼梦》的版本就像一个未解之谜，所以逐渐发展成为红学中的一个分支——版本学。

红　　学

红学是研究《红楼梦》的学问，横跨了文学、哲学、史学、心理学、经济学、中医药学等多个学科。清代学者运用题咏、评点、索隐等方法研究《红楼梦》，被称为旧红学。五四运动前后，王国维、胡适等人引进西方现代学术范式研究《红楼梦》，红学作为一门严肃的学问由此步入学术之林，称为新红学。红学与甲骨学、敦煌学并称为20世纪三大显学。

第四单元

胸怀天下　使命担当

导读：

历史的车轮滚滚前行，当我们回首历史时发现，西汉有司马迁为写《史记》抛开尘世烦琐，放下个人荣辱献出自己的一生；北宋有范仲淹发奋苦读，虽被贬却不忘"忧天下"的初志；南宋有岳飞牢记母训"精忠报国"，带领岳家军以"壮志饥餐胡虏肉，笑谈渴饮匈奴血"的豪情壮志，驰骋疆场威慑四方；还有明末清初的顾炎武，读万卷书，行万里路，提出了"天下兴亡，匹夫有责"的旷世警言……

无数的名人志士为了心中的使命担当，努力拼搏、自强不息，在漫漫人生路上谱写出一曲曲壮丽的凯歌。他们对祖国的热爱以及博大的胸怀，值得我们尊崇和敬仰。

中华民族志士仁人的故事感动着一代代中国人，中华民族的灿烂文化滋养着一代代中国人，他们用自己的才干回报着祖国的养育之恩，五千年的华夏文明，等待着新时代的青年发扬光大！

第一课　岳阳楼记

【作者介绍】

范仲淹（989年—1052年），字希文，谥号文正。汉族，北宋时期著名的政治家、思想家、文学家，世称"范文正公"。范仲淹幼年丧父，大中祥符八年（1015年），他苦读及第，授广德军司理参军，掌管讼狱，案件事宜。后历任兴化县令、秘阁校理、陈州通判、苏州知州等职，因秉公直言而屡遭贬斥。康定元年（1040年），与韩琦共任陕西经略安抚招讨副使，采取"屯田久守"方针，巩固西北边防。庆历三年（1043年），他参与庆历新政，提出了十项改革主张。庆历五年（1045年），因新政受挫，范仲淹被贬出京。皇祐四年（1052年），溘然长逝。追赠兵部尚书、楚国公，谥号"文正"。范仲淹政绩卓著，文学成就突出，《岳阳楼记》是他的代表作，他倡导"忧天下"的思想和仁人志士的节操，对后世影响极大。著有《范文正公集》。

【原文】

庆历四年[1]春，滕子京谪守巴陵郡[2]。越明年，政通人和[3]，百废具兴[4]。乃重修岳阳楼，增其旧制[5]，刻唐贤、今人诗赋于其上。属予作文以记之[6]。

予观夫巴陵胜状[7]，在洞庭一湖。衔远山，吞长江，浩浩汤汤[8]，横无际涯[9]；朝晖夕阴，气象万千[10]。此则岳阳楼之大观[11]也。前人之述备矣[12]。然则北通巫峡[13]，南极潇湘[14]，迁客骚人，多会于此[15]，览物之情，得无异乎[16]？

若夫霪雨霏霏[17]，连月不开[18]；阴风怒号，浊浪排空[19]；日星隐曜[20]，山岳潜形[21]；商旅不行，樯倾楫摧[22]；薄暮冥冥[23]，虎啸猿啼。登斯[24]楼也，则有去国怀乡，忧谗畏讥[25]，满目萧然，感极而悲者矣。

至若春和景明[26]，波澜不惊[27]，上下天光，一碧万顷[28]；沙鸥翔集，锦鳞游泳[29]，岸芷汀兰[30]，郁郁青青。而或长烟一空[31]，皓月千里，浮光跃金[32]，静影沉璧[33]；渔歌互答[34]，此乐何极[35]！登斯楼也，则有心旷神怡，宠辱偕忘，把酒临风，其喜洋洋者矣。

嗟夫！予尝求古仁人之心[36]，或异二者之为[37]，何哉？不以物喜，不以己悲[38]；居庙堂之高则忧其民[39]；处江湖之远则忧其君[40]。是进亦忧，退亦忧[41]。然则何时而乐耶？其必曰："先天下之忧而忧，后天下之乐而乐"乎[42]。噫！微斯人，吾谁与归^[43]？

时六年九月十五日。

【注释】

[1] 庆历四年：公元 1044 年。庆历，宋仁宗赵祯的年号。本文句末中的"时六年"，指庆历六年（1046 年），写作的时间。

[2] 滕子京谪守巴陵郡：滕子京降职任岳州太守。滕子京，名宗谅，字子京，范仲淹的朋友。谪，封建王朝官吏降职或远调。守，指做太守。巴陵，指郡名，岳州，今湖南省岳阳市。

[3] 政通人和：政事通顺，百姓和乐。政，政事。通，顺利。和，和乐。这里是在赞美滕子京。

[4] 百废具兴：各种该办而未办的事都兴办起来了。废，该办而未办的事。具，通"俱"，全、皆。兴，兴办。

[5] 乃：于是，就。增：扩大。旧制：原有的建筑规模。

[6] 属（zhǔ）予（yú）作文以记之：属，同"嘱"，嘱托。作文，创作文章。

[7] 予观夫巴陵胜状：夫，指示代词，相当于"那"。胜状，指胜景，美好景色。

[8] 衔：衔接。吞：吞纳。浩浩汤（shāng）汤：水势浩大的样子。

[9] 横无际涯：宽阔无边。横，广远。涯，边。际涯，边际。"际"指陆地边界，"涯"指水的边界。

[10] 朝晖夕阴，气象万千：或早或晚阴晴多变化，一天里气象变化多端。朝，在早晨，名词做状语。晖，日光。阴，阴暗。气象，景象。万千，千变万化。

[11] 大观：雄伟壮丽的景象。

[12] 前人之述备矣：前人的记述很详尽了。前人之述，指上面说的"唐贤今人诗赋"。备，详尽，完备。

[13] 然则：（既然）这样，那么；北：名词用作状语，向北。

[14] 南极潇湘：南面直达潇水、湘水。潇水是湘水的支流。湘水流入洞庭湖。南，向南。极，尽，到……尽头。

[15] 迁客：被贬谪流迁的人。骚人：诗人。战国时屈原作《离骚》，因此后人也称诗人为"骚人"。会：聚会。于：在。此：这里。

[16] 览物之情，得无异乎：观赏自然景物触发的感情，怎能不会有所不同呢？览，看，观赏；得无……乎，莫非……吧，大概……吧。

[17] 若夫霪（yín）雨霏（fēi）霏：若夫，用在一段话的开头引起论述的词。下文的"至若"用在又一段话的开头引起另一层论述。"若夫"近似"像那"，"至若"近似"至于""又如"。霪雨，连绵不断的雨。淫，过多。霏霏，雨（或雪）繁密的样子。

［18］开：放晴。

［19］阴：阴冷。号，呼啸。浊，浑浊。排空，冲向天空。

［20］日星隐曜：太阳和星星隐藏起光辉。曜，光辉，光芒。

［21］山岳潜形：山岳隐没了形体。岳，高大的山；潜，潜藏；形，形迹。

［22］樯（qiáng）倾楫摧：桅杆倒下，船桨折断。樯，桅杆；楫，桨；倾，倒下。

［23］薄暮冥冥：傍晚天色昏暗。薄，迫近；冥冥，昏暗的样子。

［24］斯：这。此处指岳阳楼。

［25］则：就；有：产生……（的情感）；"去国怀乡，忧谗畏讥"，离开京都，怀念家乡，担心（人家）说坏话，惧怕（人家）批评指责。去国，离开京都，也即离开朝廷。去，离开；国，京都；畏，害怕，惧怕；忧，担忧；谗，谗言；讥，讥讽。

［26］至若春和景明：如果到了春天气候暖和，阳光明媚。春和，春风和煦；景，日光；明，明媚。

［27］波澜不惊：波澜平静。惊，起伏。

［28］上下天光，一碧万顷：上下天色湖光相接，一片碧绿，广阔无际。万顷，极言其广。

［29］沙鸥：沙洲上的鸥鸟；翔集：时而飞翔，时而停歇；集，栖止，鸟停息在树上；锦鳞：指美丽的鱼；鳞，代指鱼；游：指水面浮行；泳：指水中潜行。

［30］岸芷汀兰：岸上的香草与小洲上的兰花（此句为互文）。芷，香草的一种；汀，水边小洲。

［31］而或长烟一空：有时大片烟雾完全消散。

［32］浮光跃金：波动的光闪着金色。

［33］静影沉璧：湖水平静时，明月映入水中，好似沉下一块玉璧。璧，圆形的玉。

［34］渔歌互答：渔人唱着歌互相应答。

［35］何极：哪里有尽头。极，尽头。

［36］尝：曾经；求：探求；古仁人：古时品德高尚的人；心：思想感情。

［37］或异二者之为：或许和以上两种人的思想感情有所不同。或，近于"或许""也许"的意思，表委婉口气；异，不同于。为，心理活动；二者，这里指前两段的"悲"与"喜"。

［38］不以物喜，不以己悲：不因为外物（好坏）和自己（得失）而或喜或悲。此句为互文。以，因为。

［39］居庙堂之高则忧其民：在朝中做官则担忧百姓。庙堂，指朝廷。下文的"进"，即指"居庙堂之高"。

［40］处江湖之远则忧其君：处在僻远的地方做官则为君主担忧，意思是远离朝廷做官。下文的"退"，即指"处江湖之远"。

[41] 是：这样。进：在朝廷做官。退：不在朝廷做官。

[42] 其必曰"先天下之忧而忧，后天下之乐而乐"乎：他们一定要说"在天下人担忧之前先担忧，在天下人享乐之后才享乐"吧。先，在……之前；后，在……之后；其，指"古仁人"；必，一定。

[43] 微斯人，吾谁与归：（如果）没有这种人，我同谁一道呢？微，没有；斯人，这样的人；谁与归，就是"与谁归"；归，归依。

【阅读提示】

庆历六年九月十五日（1046 年 10 月 17 日），范仲淹应好友巴陵郡太守滕子京之请，为重修岳阳楼创作了这篇《岳阳楼记》。《岳阳楼记》写出了岳阳楼的景色，以及阴晴不同之时带给人的感受，揭示了"不以物喜，不以己悲"的古仁人之心，也表达出"先天下之忧而忧，后天下之乐而乐"的爱国爱民之情。文章并不是单纯地写山水楼观，而是把自然界的晦明变化、风雨阴晴、迁客骚人的"览物之情"相结合，纵谈政治理想，大大开阔了文章的境界，成为写景状物抒发真情的千古名篇。

【思考与探究】

1. 本文在立意构思上有什么样的特点？
2. 如何理解"先天下之忧而忧，后天下之乐而乐"？请谈谈你的看法。

【相关资料链接】

范文正公集

《范文正公集》是北宋时刻印的范仲淹诗文集，为现存最早的范集传本。此本半叶 9 行，行 18 字，白口，左右双边，字体端方凝重，避讳谨严，宋讳勖、树、署、顼等字缺笔，而构、沟等字不避。范集传世有南宋乾道刻递修本、元天历、至正间范氏家塾岁寒堂刻本，皆二十卷。此本有前人题跋，云出范氏主奉家，当是范氏后裔旧藏书中有溪孔氏藏书鹿城杨世泽端生珍藏杨、小、士、古百城主人珍藏书画印记、杨鉴、少琢、泰等印。民国后，此书自嘉定廖氏散出，为著名藏书家傅增湘所得。原缺序目及卷一，傅氏因请汝僖依乾道本按此书行格字数抄补配入。《范文正公集》今藏于北京图书馆，中华书局于 1984 年影印，编入《古逸丛书三编》。

第二课 秋 声 赋

【作者介绍】

欧阳修（1007年—1072年），字永叔，号醉翁，又号六一居士，北宋时期政治家、文学家、史学家和诗人，"唐宋八大家"之一。宋仁宗天圣八年（1030年）进士。景祐三年（1036年），范仲淹因上章批评时政，被贬饶州，欧阳修为他辩护，被贬为夷陵（今湖北宜昌）县令。康定元年（1040年），欧阳修被召回京，复任馆阁校勘，后知谏院。庆历三年（1043年），范仲淹、韩琦、富弼等人推行"庆历新政"，欧阳修参与革新，提出了改革吏治、军事、贡举法等主张。嘉祐二年（1057年）二月，欧阳修以翰林学士身份主持进士考试，提倡平实的文风，录取了苏轼、苏辙、曾巩等人，对北宋文风的转变影响颇大。熙宁四年（1071年）六月，他以太子少傅的身份辞职，居颍州。卒谥文忠。

欧阳修的创作实绩也相当可观，诗、词、散文均为一时之冠。其散文说理畅达，抒情委婉；诗风与散文近似，重气势而能流畅自然；其词深婉清丽，承袭南唐余风。著有《欧阳文忠公文集》，代表作有《醉翁亭记》等。

【原文】

欧阳子方[1]夜读书，闻有声自西南来者，悚然[2]而听之，曰："异哉！"初淅沥以萧飒[3]，忽奔腾而砰湃[4]；如波涛夜惊，风雨骤至。其触于物也，鏦鏦铮铮[5]，金铁皆鸣；又如赴敌之兵，衔枚[6]疾走，不闻号令，但[7]闻人马之行声。余谓童子："此何声也？汝出视之。"童子曰："星月皎洁，明河[8]在天，四无人声，声在树间。"

余曰："噫嘻悲哉！此秋声也。胡为而来哉？盖夫秋之为状[9]也，其色惨淡[10]，烟霏云敛[11]；其容清明，天高日晶[12]；其气慄冽[13]，砭[14]人肌骨；其意萧条，山川寂寥。故其为声也，凄凄切切，呼号愤发。丰草绿缛[15]而争茂，佳木葱茏而可悦。草拂之而色变，木遭之而叶脱。其所以摧败零落者，乃其一气之余烈。夫秋，刑官也，于时为阴；又兵象也，于行用金。是谓天地之义气，常以肃杀而为心。天之于物，春生秋实，故其在乐也，商声主西方之音，夷则为七月之律。商，伤也，物既老而悲伤；夷，戮也，物过盛而当杀。"

"嗟呼！草木无情，有时[16]飘零。人为动物，惟物之灵。百忧感其心，万事劳其形，有动于中，必摇其精。而况思其力之所不及，忧其智之所不能，宜其渥[17] 然丹者为槁木，黟然黑者为星星[18]。奈何以非金石之质，欲与草木而争荣？念谁为之戕贼[19]，亦何恨乎秋声[20]！"

童子莫对，垂头而睡。但闻四壁虫声唧唧，如助余之叹息。

【注释】

[1] 欧阳子：作者自称。方：正在。

[2] 悚（sǒng）然：惊惧。

[3] 初淅沥以萧飒：起初是淅淅沥沥的细雨带着萧飒的风声。

[4] 砰湃：波涛汹涌的声音。

[5] 铮（cōng）铮铮铮：金属相击的声音。

[6] 衔枚：古时行军或袭击敌军时，让士兵衔枚以防出声。枚，形似竹筷，衔于口中，两端有带，系于脖上。

[7] 但：只。

[8] 明河：银河。

[9] 秋之为状：秋天所表现出来的意气容貌。状，情状，指下文所说的其色、其容、其气、其意。

[10] 惨淡：黯然无色。

[11] 烟霏：烟气浓重。霏，很盛的样子。云敛：云雾密聚。敛，收，聚。

[12] 日晶：日光明亮。晶，亮。

[13] 慄冽：寒冷。

[14] 砭（biān）：刺。

[15] 绿缛：碧绿繁茂。

[16] 有时：有固定时限。

[17] 渥：红润的脸色。

[18] 黟（yī）：黑。星星：鬓发花白的样子。

[19] 戕（qiāng）贼：残害。

[20] 亦何恨乎秋声：意思是人的衰颓是被忧思折磨的结果，与秋声并无关系。

【阅读提示】

《秋声赋》作于宋仁宗嘉祐四年（1059 年），时年欧阳修 53 岁。这一年春天，他辞去了开封府尹的职务，专心著述。这时的欧阳修，思想十分矛盾，内心也十分痛苦，正处在不知如何作为的苦闷时期。

这篇赋以"有声之秋"与"无声之秋"的对比作为基本结构框架，精心布局，从凄切悲凉的秋声起笔，极力描写渲染秋风的萧瑟，万物的凋零；并且联系人生，吐露出了世事艰难，人生易老的感慨。从内容结构上看，文章的第一段先写了作者夜读时听到秋声，从而开始描绘秋声。第二段是对秋之状的描绘和对秋气的余威进行议论。第三段抒情言志，作者由感慨自然进而叹人生，百感交集，黯然神伤。第四段是全篇的结束，作者从沉思冥想中清醒过来，当他重新面对静夜时，只有秋虫和鸣，从而衬托出作者悲凉的心境。

　　本文以"无形"的秋声作为描写和议论的对象，采用赋的形式抒写秋感，大量地使用比喻、对比、对偶、排比等修辞手法，极力铺陈渲染，流露了作者对宦海沉浮、人生苦短的感慨，写景、抒情、记事、议论融为一体，浑然天成，是他继《醉翁亭记》后的又一名篇。本文骈散结合，铺陈渲染，词采讲究，也是宋代文赋的典范。

【思考与探究】

　　1. 本文是如何描绘秋之声的？又是如何写秋之状的？分别具有什么特点？

　　2. 面对充满肃杀之气的自然之秋，作者产生了怎样的人生感悟呢？文中的主旨句是哪句？请说说你对主旨句的理解。

【相关资料链接】

唐宋八大家

　　唐宋八大家，又称"唐宋散文八大家"，是唐代柳宗元、韩愈，宋代欧阳修、苏洵、苏轼、苏辙、王安石、曾巩八位散文家的合称。其中柳宗元、韩愈为唐代古文运动的领袖，欧阳修、"三苏"四人是宋代古文运动的核心人物，王安石、曾巩是临川文学的代表人物。韩愈和柳宗元是"古文运动"的倡导者，他们先后掀起的古文革新浪潮，使得诗文得到进一步发展。

　　明初朱右选韩愈和柳宗元等人的文章为《八先生文集》，于是起用八家之名，实始于此。明中叶唐顺之所纂《文编》中，唐宋文也仅取八家。明末茅坤承二人之说，辑《唐宋八大家文钞》，此书在当时广为流传，"唐宋八大家"之名也随之流行。《唐宋八大家文钞》有明万历刻本及清代书坊刻本。清代魏源有《纂评唐宋八大家文读本》八卷。

第三课　满　江　红

【作者介绍】

岳飞（1103年—1142年），字鹏举，宋相州汤阴县永和乡孝悌里（今河南安阳市汤阴县程岗村）人，中国历史上著名的军事家、战略家、民族英雄，位列南宋中兴四将（岳飞、张俊、韩世忠、刘光世）之首。岳飞是南宋最为杰出的军事统帅，他重视民间抗金义军的力量，缔造了"联结河朔"之谋，主张黄河以北的抗金义军和宋军互相配合，夹击金军，以收复失地。岳飞的文学才华也是将帅中少有的，留有《岳武穆集》。《全宋词》存其词3篇，其不朽词作《满江红》，是千古传诵的名篇。绍兴十一年（1141年），秦桧以"莫须有"的罪名将岳飞治罪，岳飞与长子岳云、部将张宪一同遇害。宋孝宗时，平反昭雪，改葬于西湖畔栖霞岭，追谥武穆，后又追谥忠武，封鄂王。在宋、元、明三朝，备受尊崇。

【原文】

怒发冲冠[1]，凭阑处，潇潇[2]雨歇。抬望眼，仰天长啸[3]，壮怀激烈。三十功名尘与土[4]，八千里路云和月[5]。莫等闲[6]，白了少年头，空悲切。

靖康耻[7]，犹未雪；臣子恨，何时灭？驾长车，踏破贺兰山[8]缺。壮志饥餐胡虏肉，笑谈渴饮匈奴血。待从头，收拾旧山河，朝天阙[9]。

【注释】

[1] 怒发冲冠：形容愤怒至极，头发竖了起来。

[2] 潇潇：形容雨势急骤。

[3] 长啸：感情激动时撮口发出清而长的声音，为古人的一种抒情举动。

[4] 三十功名尘与土：年已三十，建立了一些功名，不过微不足道。

[5] 八千里路云和月：形容南征北战、路途遥远、披星戴月。

[6] 等闲：轻易，随便。

[7] 靖康耻：宋钦宗靖康二年（1127年），金兵攻陷汴京，虏走徽、钦二帝。

[8] 贺兰山：贺兰山脉位于宁夏回族自治区与内蒙古自治区交界处。

[9] 朝天阙：朝见皇帝。天阙，本指宫殿前的楼观，此处指皇帝生活的地方。

【阅读提示】

此词上片抒写作者对中原重陷敌手的悲愤，对局势前功尽弃的痛惜，表达了自己继续努力争取壮年立功的心愿；下片抒写作者对敌人的深仇大恨，对祖国统一的殷切希望，对国家朝廷的赤胆忠诚。全词情绪激昂，慷慨壮烈，显示出一种浩然正气和英雄气质，表现了作者报国立功的信心和乐观主义精神。孙中山先生评价岳飞："岳飞魂，是中华民族的精神代表，也就是民族魂。"

【思考与探究】

1. 本词在写作手法上有什么特色？
2. 本词表达了作者怎样的思想感情？

【相关资料链接】

岳 飞 墓

岳飞墓位于浙江省杭州市栖霞岭南麓，建于南宋嘉定十四年（1221年），虽经历朝历代仍保存较为完好，曾在清康熙五十四年（1715年）重建时改变过建筑规格。1979年，岳飞墓按南宋建筑风格全面整修，由忠烈祠区、墓园区、启忠祠区三个部分组成。

岳飞墓在历史、艺术和社会凝聚力等方面都具有巨大价值。1961年，岳飞墓被国务院核定公布为第一批全国重点文物保护单位。在社会影响力方面，岳飞墓为西湖景观增添了历史的厚度，反映了岳飞的爱国主义以及忠君思想，在传承爱国主义精神、增强民族凝聚力等方面都具有重要的价值和作用。1996年，岳飞墓被国家文物局、国家教委、文化部等六部门列为百家"全国中小学生爱国主义教育基地"之一。

岳飞墓的碑刻记录了数百年来岳飞墓的历史变迁，出土的文物是当年南宋朝廷以礼改葬岳飞于栖霞岭现址的实物见证，具有很高的历史研究价值。岳飞墓石像造型优美、雕刻精细、线条流畅，反映了明代的艺术思想，具有较高的艺术价值。此外，岳飞墓还遗存了大量文物，具有旅游开发价值。

第四课　陆游诗词二首

【作者介绍】

陆游（1125 年—1210 年）南宋时期文学家、史学家、爱国诗人。字务观，号放翁，汉族，越州山阴（今浙江绍兴）人，尚书右丞陆佃之孙。少年时深受其家庭爱国主义思想的熏陶，陆游一生坚持抗金，在仕途上不断受到当权派的排斥和打击。中年时他入蜀抗金，军事生活丰富了他的文学内容，其作品散发出的无穷魅力，使他成为杰出的文学家。陆游词作量虽不如诗歌量大，但和其诗歌一样都贯穿着气吞山河的爱国主义精神。杨慎评价陆游词纤丽似秦观，雄慨似苏轼。著有《剑南诗稿》《渭南文集》《南唐书》《老学庵笔记》等。

关　山　月[1]

和戎[2] 诏下十五年，将军不战空临边[3]。
朱门沉沉按[4] 歌舞，厩马肥死弓断弦[5]。
戍楼刁斗[6] 催落月，三十从军今白发。
笛里[7] 谁知壮士心，沙头空照征人[8] 骨。
中原干戈[9] 古亦闻，岂有逆胡传子孙[10]！
遗民忍死望恢复[11]，几处今宵垂泪痕。

【注释】

[1] 关山月：汉乐府古题，属《横吹曲》。内容多写戍边军士月夜思乡及与家人离别相思之情。

[2] 和戎：本义为与少数民族和睦相处，实际是指宋朝廷向金朝廷屈膝求安。隆兴元年（1163 年），宋孝宗下诏与金政权第二次议和，到作者作此诗时，历时十五年。

[3] 边：边防，边境。

[4] 朱门：红漆大门，在此借指贵族豪门。沉沉：形容门房庭院深邃。按：击节拍。

[5] 厩：马棚。肥死：马棚里的马不用，逐渐死了。弓断弦：弓很久不用，绷得弦断掉了。

[6] 戍楼：边界处用来守望的岗楼。刁斗：军用的铜锅，可做饭也可用来打更。

[7] 笛里：指以笛吹奏的曲调声。

[8] 沙头：边塞沙漠之地。征人：出征戍边的士兵。

[9] 中原：指沦陷于金政权之手的淮河以北地区。干戈：古代的兵器，这里代指战争。

[10] 逆胡传子孙：金政权长期占领中原。金自从太宗完颜晟进军占领中原，到此时已经有四世，所以说传子孙。逆胡，此处指金人。

[11] 遗民：沦陷区的民众。忍死：忍受屈辱、不死以待。恢复：收复旧疆土。

【阅读提示】

淳熙二年（1175年），陆游在经过几次调动再次回到了成都，此时好友范成大也以四川制置使的身份来到了成都。两位好友异地相逢，非常高兴，常常聚在一起饮酒酬唱，相谈甚欢。陆游原本个性豪放不羁，因其抗金抱负与个人事业均受挫，故此时的陆游就更加借酒消愁，放浪不羁了。他的"不拘礼法"被一些人讥讽，淳熙三年（1176年）陆游被罢免知嘉州的官职。在此之后他自号"放翁"，以此来表达对抗与不屑的态度。不过虽然他外表看上去旷达，常常饮酒寻乐，但实则内心却充满了忧患、愤慨和悲哀，这首《关山月》就深刻地体现了这样的情绪。

这首诗表现了陆游爱国主义诗歌的基本内容和精神内涵，也是陆游思想性和艺术性结合比较完美的作品。刚刚被加上莫须有的罪名而被罢免去职务的陆游，满怀报国热忱，却无用武之地，眼看着统治阶级醉生梦死，置国家与民众的利益于不顾，一味妥协和投降，苟且偷安，内心十分愤慨。在诗中，他如实地描写了由南宋朝廷长期执行投降政策造成的恶果，表达了对侵略者的无比仇视，对统治集团的愤怒谴责和对要求抗战的爱国战士、遗民的同情。

诉 衷 情 [1]

当年万里觅封侯[2]，匹马戍[3] 梁州[4]。关河[5] 梦断[6] 何处？尘暗旧貂裘[7]。胡[8] 未灭，鬓[9] 先秋[10]，泪空流。此生谁料，心在天山[11]，身老沧洲[12]。

【注释】

[1] 诉衷情：词牌名。此词为双调，四十四字，上片四句三平韵，下片六句三平韵。

[2] 万里觅封侯：远赴万里之外的疆场找寻建功立业的机会。《后汉书·班超传》有记载："班超少有大志，尝曰，大丈夫应当'立功异域，以取封侯，安能久事笔砚间乎？'"

[3] 戍：守卫边疆。

[4] 梁州：《宋史·地理志》有记载："兴元府，梁州汉中郡，山南西道节度。"治所在南郑。在陆游的作品里，称他参加四川宣抚使幕府所在地，经常杂用以上地名。

[5] 关河：关塞、河防。一说潼关黄河之所在，此处指汉中前线险要之地。

[6] 梦断：梦醒。

[7] 尘暗旧貂裘：貂皮裘衣上早已落满了灰尘，如今颜色暗淡。此处借用了苏秦的典故来比喻自己不受重用，没能实现自己的抱负。

[8] 胡：古代泛指西北各族，在南宋词中多指金人。此处指金入侵者。

[9] 鬓：两鬓的头发。

[10] 秋：秋霜。比喻年老两鬓斑白。

[11] 天山：中国的西北部，汉唐的边疆。此处指南宋与金朝相对峙的西北前线。

[12] 沧洲：临水之处。在古代常常用来泛指隐士居住的地方。南齐诗人谢朓在诗歌《之宣城郡出新林浦向板桥》中写道："既欢怀禄情，复协沧州趣。"词中此处是指词人位于镜湖之滨的家乡。

【阅读提示】

这首词是陆游晚年时期的作品。词作中陆游回忆了他一生中最值得怀念的一段时光，通过今昔对比的方式，反映了一位爱国志士的坎坷的经历以及不幸的遭遇，也表达了陆游壮志未酬、报国无门的悲愤不平之情。词的上片开头追忆作者昔日戎马疆场的意气风发，接着描写当年宏愿只能在梦中实现的失望；下片则抒写敌人尚未消灭而英雄却已迟暮的感叹。全词格调苍凉悲壮，语言明白晓畅，用典自然，不着痕迹，未加任何雕饰，如叹如诉，有较强的艺术感染力。

陆游写这首词的时候，已年近七旬，此时的他虽然身处故地，但是未忘国忧，壮士暮年，雄心未已。他用他那饱满的政治热情，永不衰竭的爱国精神塑造了风骨凛然的崇高品格。他雄心壮志未酬，加之无人理解，深沉的压抑感在他的词作中蔓延开来，形成了他词作中百折千回的悲凉忠愤的基调，读起来荡气回肠。

陆游的这首词，虽说饱含着人生的秋意，但由于词人在"身老沧洲"的感慨之中体现了丰富的历史内容，也因为他在老泪纵横之中表达了对国家深挚的感情，所以，整首词的情感基调展现出的是幽咽而又不失开阔深沉的艺术特色，这也让整首词充满了力量感，从而能够打动人心。

【思考与探究】

1. 《关山月》中陆游借着诗中的三类人的不同境遇表达出了怎样的情感？

2. 《诉衷情》首句借用班超投笔从戎"以求封侯"的典故表达了陆游怎样的思想？

【相关资料链接】

《剑南诗稿》和《渭南文集》

《剑南诗稿》是陆游的诗词集，一共八十五卷。这部诗词集共收录了他的诗词作品九千三百四十四首，整部诗词集表现的主题是抗金和收复失地。《剑南诗稿》名字的由来据说是陆游为了纪念曾经在川、陕地区的军旅生活而命名的。《渭南文集》是陆游自编词文集，一共五十卷，分为文集四十二卷，《入蜀记》六卷，词二卷。陆游曾封渭南县伯，所以集名为《渭南文集》。陆游既是南宋诗词大家，其诗稿在他生前就已有付刊，然而文集虽已编就，但是未有付诸剞劂。直到嘉定十三年（1220年），才始刻《渭南文集》五十卷于学宫。此文集虽然是幼子陆子遹所刊，但是实际为陆游自定。陆游晚年时期封"渭南伯"，陆子遹跋称先太史未病时故已编辑，命名及次第之旨均出自其遗意，今不敢紊。又谈到陆游言："剑南乃诗家事，不可施于文。"所以以"渭南"给文集命名。

第五课　报任安书[1]

【作者介绍】

司马迁（前145年或前135年—？），字子长，一说左冯翊夏阳（今陕西韩城南）人，一说龙门（今山西河津）人，是我国西汉时期伟大的史学家、文学家、思想家。他编撰的《史记》记载了自上古传说中的黄帝时期到汉武帝元狩元年（前122年），长达3000多年的历史。司马迁以其"究天人之际，通古今之变，成一家之言"的史识完成的《史记》，是中国历史上第一部纪传体通史，被鲁迅誉为"史家之绝唱，无韵之离骚"，对后世影响极大。司马迁的著作，除了《史记》以外，《汉书·艺文志》还著录赋八篇，均已散失，唯有《艺文类聚》卷30引征《悲士不遇赋》的片段和《报任安书》（《报任少卿书》）。《报任安书》不但是研究司马迁生平思想的重要资料，也是一篇极其精彩的饱含感情的散文。

【原文】

太史公牛马走[2]司马迁再拜言：少卿足下[3]：曩者辱[4]赐书，教以慎于接物[5]、推贤进士为务。意气[6]勤勤恳恳[7]，若望[8]仆不相师[9]而用流俗人之言，仆非敢如是也。仆虽罢驽[10]，亦尝侧闻[11]长者[12]之遗风矣。顾自以为身残处秽，动而见尤，欲益反损，是以独抑郁而谁与语？谚曰："谁为为之[13]，孰令听之[14]？"盖钟子期死，伯牙终身不复鼓琴。何则？士为知己者用，女为说己者容。若仆大质[15]已亏缺矣，虽才怀随和，行若由夷，终不可以为荣，适[16]足以见笑而自点[17]耳。书辞宜答，会东从上来，又迫[18]贱事[19]，相见日浅，卒卒[20]无须臾之间，得竭志意。今少卿抱不测之罪[21]，涉[22]旬月[23]，迫季冬[24]，仆又薄[25]从上雍，恐卒然不可为讳[26]，是仆终已不得舒愤懑以晓左右[27]，则长逝者魂魄私恨无穷。请略陈固陋[28]。阙然久不报，幸勿为过。

仆闻之：修身者，智之符[29]也；爱施者，仁之端也；取予者，义之表也；耻辱者，勇之决也[30]；立名者，行之极也。士有此五者，然后可以托于世，而列于君子之林矣。故祸莫憯于欲利，悲莫痛于伤心，行莫丑于辱先，诟莫大于宫刑。刑馀之人，无所比数，非一世也，所从来远矣。昔卫灵公[31]与雍渠同载，孔子适陈；商鞅因景监见，赵良[32]寒心[33]；同子[34]参乘，袁丝变色：自古而耻之。夫中材之人，事有关于宦竖[35]，莫不伤气[36]，而况于慷慨之士乎？如今朝庭虽乏人，奈何令刀锯之馀荐天下豪俊哉？仆赖先人绪业[37]，得待罪[38] 辇毂[39] 下，二十余年矣。所以自惟：上之不能纳忠效信，有奇策材力之誉，自结明主；次之又不能拾遗补阙[40]，招贤进能，显[41] 岩穴之士[42]；外之不能备行伍[43]，攻城野战，有斩将搴[44] 旗之功；下之不能积日累劳，取尊官厚禄，以为宗族交游[45] 光宠。四者无一遂，苟合取容，无所短长之效，可见于此矣。向者仆亦尝厕下大夫之列[46]，陪奉外廷[47] 末议[48]，不以此时引纲维[49]，尽思虑，今已亏形[50] 为扫除之隶，在阘茸[51] 之中，乃欲仰首伸眉，论列是非，不亦轻朝廷、羞当世之士邪？嗟乎！嗟乎！如仆尚何言哉？尚何言哉？

且事本末，未易明也。仆少负[52] 不羁之材[53]，长无乡曲之誉。主上幸以先人之故，使得奉薄伎，出入周卫之中。仆以为戴盆何以望天[54]，故绝宾客之知[55]，亡[56] 室家之业，日夜思竭其不肖之材力，务一心营职，以求亲媚于主上，而事乃有大谬不然者！

夫仆与李陵俱居门下，素非能相善也。趣舍[57] 异路，未尝衔杯酒[58]，接殷勤[59] 之余欢。然仆观其为人，自守[60] 奇士。事亲孝，与士信，临财廉，取与义，分别有让，恭俭下人，常思奋不顾身，以殉国家之急。其素所蓄积[61] 也，仆以为有国士[62] 之风。夫人臣出万死不顾一生之计，赴公家之难，斯已奇矣。今举事[63] 一不当，而全躯保妻子之臣，随而媒蘗其短[64]，仆诚私心痛之。且李陵提[65] 步卒不满五千，深践戎马之地，足历王庭[66]，垂饵虎口，横挑[67] 强胡，仰亿万之师，与单于连战十有余日，所杀过半当[68]，虏救死扶伤不给[69]。旃裘[70] 之君长咸震怖，乃悉征其左、右贤王，举引弓之人，一国共攻而围之。转斗千里，矢尽道穷，救兵不至，士卒死伤如积。然陵一呼劳军，士无不起，躬自流涕，沬血[71] 饮泣，更张空拳[72]，冒白刃，北向争死敌者[73]。陵未没时，使有来报，汉公卿王侯皆奉觞上寿。后数日，陵败书闻，主上为之食不甘味，听朝不怡，大臣忧惧，不知所出。仆窃不自料其卑贱，见主上惨怆[74] 怛悼[75]，诚欲效[76] 其款款[77] 之愚。以为李陵素与士大夫[78] 绝甘分少[79]，能得人之死力，虽古之名将，不能过也。身虽陷败，彼观其意，且欲得其当而报于汉。事已无可奈何，其所摧败，功亦足以暴于天下矣。仆怀欲陈之[80] 而未有路，适会召问，即以此指[81] 推言陵之功，欲以广主上之意，塞睚眦[82] 之辞。未能尽明，明主不晓，以为仆沮[83] 贰师[84]，而为李陵游说，遂下于理[85]。拳拳[86] 之忠，终不能自列。因为诬上，卒从吏议[87]。家贫，财赂不足以自赎，交游莫救视，左右亲近不为一言。身非木石，独与法吏为伍，深幽囹圄之中，谁可告诉者！此真少卿所亲见，仆行事岂不然乎？李陵既生降，隤其家声，而仆又佴[88] 之蚕室[89]，重[90] 为天下观笑。悲夫！悲夫！事未易一二为俗人言也。

仆之先，非有剖符[91] 丹书[92] 之功，文、史、星、历，近乎卜祝之间，固主上所戏弄，倡优[93] 所畜[94]，流俗之所轻也。假令仆伏法受诛，若九牛亡一毛，与蝼蚁何以异？而世俗又不与能死节者，特以为智穷罪极，不能自免，卒就死耳。何也？素所自树立使然也[95]。人固有一死，或重于泰山，或轻于鸿毛，用之所趣[96] 异也。太上[97] 不辱先，其次不辱身，其次不辱理色[98]，其次不辱辞令；其次诎体[99] 受辱，其次易服[100] 受辱，其次关[101] 木索[102]、被箠楚[103] 受辱，其次剔毛发、婴金铁[104] 受辱，其次毁肌肤、断肢体受辱，最下腐刑极矣！传曰："刑不上大夫[105]。"此言士节不可不勉励也。猛虎在深山，百兽震恐，及在槛阱[105] 之中，摇尾而求食，积威约之渐也[107]。故士有画地为牢[108]，势不可入；削木为吏，议[109] 不可对，定计于鲜也。今交手足，受木索，暴肌肤，受棒箠，幽于圜墙[110] 之中。当此之时，见狱吏则头抢[111] 地，视徒隶[112] 则心惕息[113]。何者？积威约之势也。及以至是，言不辱者，所谓强颜耳，曷足贵乎？且西伯，伯也，拘于羑里；李斯，相也，具于五刑；淮阴，王也，受械于陈；彭越、张敖，南面称孤，系狱抵罪；绛侯诛诸吕，权倾五伯，囚于请室[114]；魏其，大将也，衣赭衣，关三木[115]；季布为朱家钳奴；灌夫受辱于居室。此人皆身至王侯将相，声闻邻国，及罪至罔加[116]，不能引决[117] 自裁，在尘埃之中[118]。古今一体，安在其不辱也？由此言之，勇怯，势也[119]；强弱，形也。审矣，何足怪乎？夫人不能早自裁绳墨[120] 之外，以稍陵迟[121]，至于鞭箠之间，乃欲引节[122]，斯不亦远乎！古人所以重施刑于大夫者，殆为此也。夫人情莫不贪生恶死，念父母，顾妻子。至激于义理者不然，乃有所不得已也。今仆不幸，早失父母，无兄弟之亲，独身孤立，少卿视仆于妻子何如哉？且勇者不必死节，怯夫慕义，何处不勉焉？仆虽怯懦欲苟活，亦颇识去就之分矣，何至自沉溺缧绁之辱哉？且夫臧获[123] 婢妾，犹能引决，况仆之不得已乎？所以隐忍苟活，幽于粪土之中[124] 而不辞者，恨私心有所不尽，鄙陋没世[125]，而文采不表于后世者也。

古者富贵而名磨灭，不可胜记，唯倜傥[126] 非常之人称焉。盖文王拘而演《周易》；仲尼厄而作《春秋》；屈原放逐，乃赋《离骚》；左丘失明，厥有《国语》；孙子膑脚，兵法修列；不韦迁蜀，世传《吕览》；韩非囚秦，《说难》《孤愤》；《诗》三百篇，大抵圣贤发愤之所为作也。此人皆意有所郁结，不得通其道，故述往事，思来者。及如左丘无目，孙子断足，终不可用，退而论书策以舒其愤，思垂[127] 空文[128] 以自见。仆窃不逊，近自托于无能之辞[129]，网罗天下放失旧闻[130]，略考其行事，综其终始，稽[131] 其成败兴坏之纪[132]，上计轩辕，下至于兹，为十表、本纪十二、书八章、世家三十、列传七十，凡百三十篇。亦欲以究天人之际，通古今之变，成一家之言。草创未就，会遭[133] 此祸，惜其不成，以就极刑[134] 而无愠色[135]。仆诚已著此书，藏之名山，传之其人，通邑[136] 大都，则仆偿前辱之责[137]，虽万被戮，岂有悔哉！然此可为智者道，难为俗人言也。

且负下未易居[138]，下流[139] 多谤议。仆以口语遇此祸，重为乡党所[140] 笑，以污辱先人，亦何面目复上父母之丘墓乎？虽累百世，垢弥甚耳！是以肠一日而九回[141]，居则忽忽[142] 若有所亡[143]，出则不知其所往。每念斯耻，汗未尝不发背沾衣也。身直[144] 为闺阁之臣[145]，宁得[146] 自引于深藏岩穴[147] 邪？故且从俗浮沉，与时俯仰，以通[148] 其狂惑。今少卿乃教以推贤进士，无乃与仆私心刺谬^[149] 乎？今虽欲自雕琢曼辞^[150] 以自饰，无益，于俗不信^[151]，适足取辱耳。要之，死日然后是非乃定。书不能悉意^[152]，略陈固陋，谨再拜^[153]。

【注释】

[1] 报：答复。任安：字少卿，荥阳人。曾任郎中、益州刺史、北军使者护军等职。庆太子发兵杀江充，令任安发兵任安受命但未出兵。太子事平，任安获罪判腰斩。他致信司马迁之时，司马迁为中书谒者令。此文是司马迁在任安下狱当斩时写的回信。

[2] 牛马走：司马迁自称的谦词。像牛马一样供人驱使的仆人。走，谓趋走之仆。

[3] 足下：书信中对人的尊称。

[4] 辱：谦词，意指使对方受屈辱。

[5] 接物：待人接物。故称自己以外的人和物都叫物。

[6] 意气：情意和语气。

[7] 勤勤恳恳：诚恳而真挚。

[8] 望：怨。

[9] 相师：听从指教。

[10] 罢驽：疲弱无用的劣马。罢，同"疲"。

[11] 侧闻：谦词，私下听过。

[12] 长者：有品德有气度、受尊敬的人。

[13] 谁为（wèi）为（wéi）之：为谁做这样的事。

[14] 孰令听之：让谁听从这些话。

[15] 大质：指身体。

[16] 适：正好。

[17] 自点：自取诟辱。点，本指小黑点，引申为诟辱。

[18] 迫：急遽，忙。

[19] 贱事：琐事，谦词。

[20] 卒卒（cù cù）：卒，同"猝"，急促。

[21] 不测之罪：后果不堪设想的罪。

[22] 涉：经。

[23] 旬月：满月。

[24] 季冬：农历十二月。当时在十二月处决囚犯。

[25] 薄：靠近，迫近。

[26] 不可为讳：不可避讳的事，指任安被处死。

[27] 左右：指任安，这是含有敬意的称呼。

[28] 固陋：鄙陋之见，自谦的说法。

［29］符：表现。

［30］"耻辱者"句：以受辱为耻，是判断勇敢的标准。决：判断。

［31］卫灵公：春秋时卫国第二十八代国君，有一次与夫人南子同车，以宦者雍渠骖乘，孔子为次乘，孔子感到耻辱而离去。

［32］赵良：秦孝公时贤士，认为商鞅因得宦官景监引见是一种耻辱。

［33］寒心：指赵良惧其祸必至。

［34］同子：汉文帝时宦官赵谈，司马迁避父亲司马谈讳，故改称"同子"。

［35］宦竖：对宦官的鄙称。竖，奴仆。

［36］伤气：丧气。

［37］绪业：遗业，未完成的事业。

［38］待罪：谦词，供职。

［39］辇毂：天子的车舆。

［40］拾遗补阙：纠正、补救帝王的过失。

［41］显：推荐。

［42］岩穴之士：隐居山林的隐士。

［43］备行（háng）伍：参加军队。

［44］搴（qiān）：拔取。

［45］交游：朋友。

［46］厕下大夫之列：指为太史令。汉制太史令秩六百石，位同下大夫。厕，参与其间。

［47］外廷：外朝官。汉代官员分外、中朝官，汉丞相以下至六百石为外朝官，太史令属外朝官。

［48］末议：谦词，末席。

［49］引纲维：援引国家纲常法纪。

［50］亏形：残缺的躯体。

［51］阘（tà）茸：指地位卑微猥贱。阘，小户。

［52］负：恃，怀抱。

［53］不羁之才：指不为寻常条条框框束缚的才能。

［54］戴盆何以望天：头上顶着瓦盆怎么看得见天。

［55］知：交好。

［56］亡：抛弃。

［57］趣舍：指进退。

［58］衔杯酒：指饮酒。

［59］殷勤：情意恳切。

［60］自守：能守住自己的节操。

［61］素所蓄积：平素所积累的品德修养。

［62］国士：全国杰出的人物。

［63］举事：行事。

［64］媒糵（niè）其短：意为把李陵的过失酿成大罪。糵，酵母；比喻挑拨是非。

［65］提：督率。

［66］王庭：匈奴首领单于所居之地。

［67］横（hèng）挑：勇敢挑战。

［68］过半当：超过自己部队的人数。

［69］不给（jǐ）：供不上。

［70］旃（zhān）裘：古时西北民族用兽毛制成的衣服。此处指代匈奴。

［71］沫（huì）血：血流满面。沫，用手掬水洗脸。

［72］空拳（quān）：没有箭的弩弓。

［73］争死敌者：争着与敌人战斗而死。

［74］惨怆：凄楚悲伤。

［75］怛（dá）悼：悲伤难过。

［76］效：献。

［77］款款：忠实诚恳。

［78］士大夫：指李陵部下的将士。

［79］绝甘分少：好的东西自己不肯要，分配东西时，自己取最小最少的部分。

［80］怀欲陈之：心怀某种想法想说出来。

［81］指：意旨，意向。

［82］睚眦（yá zì）：怒目而视。

［83］沮：诋毁。

［84］贰师：贰师将军李广利，武帝宠妃李夫人之兄，武帝想让他征匈奴时立功，李陵为助军。李陵被围，李广利坐观其败。

［85］理：大理，掌诉讼刑狱官署。

［86］拳拳：恳切、忠谨。

［87］吏议：法庭官吏所判决的罪名。

［88］佴（ér）：处置。李陵降后族诛，紧接着司马迁为李陵说话而受宫刑，下之蚕室。

［89］蚕室：养蚕之室，密封而温暖，受宫刑的人怕风寒，须入蚕室才安全。

［90］重：副词，深，甚。

［91］符：以竹、木或金属制成，上书文字，剖而为二，君臣各执其一以为凭证。

［92］丹书：在铁券上用朱砂写的誓词，作为后世子孙免罪的凭信，又叫作丹书铁券。

［93］倡优：杂技艺人。

［94］畜：豢养。

［95］素所自树立使然也：自己平素所从处的工作（被人轻视）导致这样的结果。

［96］趣：同"趋"。

［97］太上：最上，第一。

［98］理色：犹情理、面子。

［99］诎体：即"屈体"。

［100］易服：换上囚服。

［101］关：同"贯"，套上。

［102］木索：木枷与绳索。

［103］被箠楚：遭杖打或鞭打。

［104］婴金铁：钳刑，以铁圈束颈。婴，缠绕。

［105］刑不上大夫：大夫之官犯了法，不受刑罚。语见《礼记·曲礼上》。

［106］槛阱：捕捉野兽的笼子和陷阱。

［107］积威约之渐也：是长期的威力制约而逐渐形成的。

［108］"画地为牢"句：在地上画个圆圈当监牢，也决不走进去，即使削个木头做狱吏来审罪，也不会对质，下定决心在受刑之前自尽。

［109］议：审罪。

［110］圜墙：牢狱。

［111］抢：着，触。

［112］徒隶：狱卒。

［113］惕息：害怕得不敢喘气。

［114］请室：囚禁犯罪官吏的牢狱。

［115］三木：枷、梏（手铐）、桎（脚镣）三种刑具。

［116］罔加：受到法令的制裁。罔，刑法。

［117］引决：一作"引诀"。引决自裁：自杀。

［118］在尘埃之中：意为在监狱之中。

［119］"勇怯"句：本见《孙子·势篇》，意思是勇敢和怯懦、刚强和软弱都以客观形势为转移。

［120］绳墨：指法律。

［121］以稍陵迟：因而情况逐渐变坏。

［122］引节：坚守气节而死。

［123］臧获：奴仆的贱称。

［124］粪土之中：指监狱。

［125］没世：终身。

［126］倜傥：卓越，突出。

［127］垂：流传，使动用法。

［128］空文：文章著作。

［129］无能之辞：谦称，拙劣的言语。

［130］放失旧闻：散乱失传的文献。

［131］稽：考察，探究。

［132］纪：纲纪，指规律。

［133］会遭：恰好遇上。

［134］极刑：指宫刑。

［135］愠色：怨恨之色。

［136］通邑：通，流传；邑，大都，城市。指流传到大小城市（社会上）。

［137］责：同"债"。

［138］负下未易居：负罪之下不容易处世。

［139］下流：比喻卑下的地位。

［140］戮：耻。

［141］肠一日而九回：痛苦忧思，愁肠百转。

［142］忽忽：恍惚。

［143］亡：遗失。

［144］直：通"值"，担任。

［145］闺阁之臣：宦官。

［146］宁得：难道能。

［147］深藏岩穴：隐居。

［148］通：抒发。

［149］剌（là）谬：违背常理，完全相反。

［150］曼辞：好听的话。

［151］不信：不能见信于人。

［152］悉意：尽意，全部表达。

［153］再拜：古代书信的写作格式，首尾常用。

【阅读提示】

《报任安书》这篇文章可以说展现了司马迁一生的悲剧。当时司马迁因李陵事件受到了宫刑，在他出狱之后，担任中书令的任安曾写信给他，要他"慎于接物，推贤进士"。司马迁怀着悲愤的心情写下了这封回信，在信中表面上说自己"身残处秽"，不能像任安所希望的那样"推贤进士"；而他心中深层的想法则是向行将赴死的朋友尽情倾诉着自己满腔的愤懑与一片无可诉说之心。在信中，他诉说了自己不能荐举天下豪俊的苦衷，叙述了李陵事件的始末，为什么会遭受宫刑，以及受刑屈辱的过程。对汉朝不分是非、不辨忠奸、峻法酷刑等表示出了极大的愤慨。接着他也道出了自己苟活隐忍，创作《史记》，以求"究天人之际，通古今之变，成一家之言"的宏伟抱负。

在这篇感人至深的散文中，作者将叙事、议论和抒情交织在一起，运用各种长短不齐的散句、对偶和排比，把他的光明磊落之志、愤激不平之气表现得淋漓尽致。文章沉郁悲愤，情怀慷慨，文情并茂。这篇散文不愧为中国古代散文史上千古不朽的大作，感人至深，流传之广，影响之大。后世对这篇文章的评价也是极高，清人吴楚材、吴调侯在《古文观止》中评价："此书反复曲折，首尾相续，叙事明白，豪气逼人。其感慨啸歌，大有燕赵烈士之风；忧愁幽思，则又直与《离骚》对垒。文情至此极矣。"清人浦起龙《古文眉诠》中评价："答书大致在自白罪由，自伤惨辱，自明著史，而以谢解来书，位置两头，总纳在'舒愤懑'三字内。盖……特借报书，一披豁其郁勃之气耳，岂独为任少卿道哉！沉雄激壮，如江海之气横空上出，摩荡六虚。"清人李景星评价："司马迁生平事业，在于《史记》，而能括《史记》全书者，惟叙传一篇；司马氏生平伤心，在于受辱，而备载受辱由来者，惟《报任安书》一篇。得此二篇，而司马氏一生之本末具矣，此外虽多，皆不必言也。"

【思考与探究】

1. 请谈一谈本文是如何将叙事、说理、抒情熔于一炉的？
2. 请在文中找出在表达技巧上有特色的句子，说说你的理解和体会。

【相关资料链接】

史 记

《史记》，二十四史之一，最早称《太史公书》《太史公记》《太史记》，由西汉史学家司马迁撰写。《史记》是中国历史上第一部纪传体通史，全书130篇，五十二万六千五百余字。《史记》全书包括十二本纪（记历代帝王政绩）、三十世家（记诸侯国和汉代诸侯、勋贵兴亡）、七十列传（记重要人物的言行事迹，主要叙人臣，其中最后一篇为自序）、十表（大事年表）、八书（记载各种典章制度，如礼、乐、音律、历法、天文、封禅、水利、财用）。《史记》规模巨大，体系完备，且对此后的纪传体史书影响深远，历朝正史都是采用这种体裁来撰写，被称为"实录""信史"，也被鲁迅先生誉为"史家之绝唱，无韵之离骚"，具有极高的文学价值，《史记》与《资治通鉴》并称为史学"双璧"，所以司马迁被后世尊称为"史迁""史圣"。他与司马光并称"史界两司马"，又与司马相如合称"文章西汉两司马"。

第五单元

人伦亲情　赞美人生

导读：

　　所谓人伦，孟子说："人之有（为）道也，饱食暖衣、逸居而无教，则近于禽兽。圣人有忧之，使契为司徒，教以人伦：父子有亲，君臣有义，夫妇有别，长幼有序，朋友有信。"孟子的意思很明确，人类社会必须要有人与人之间的基本关系、秩序和一定的道德价值观念，这就是人伦。它对公序良俗的建立，对于社会的稳定起着重要的作用。孔子则认为，所谓人伦，就是夫妇别，父子亲，君臣义。他认为，构成这一关系的基础应该是孝悌，是仁爱之心，是发自内心的人的真情。在社会发展迅速的今天，如何构建人与人之间、人与社会之间的关系，是构建和谐社会的基础，对中华文明的建设、文化的传承、民族的凝聚力的形成有着重要的作用。

　　本单元的《郑伯克段于鄢》讲述了春秋时期的母子、兄弟之间人伦关系，宣扬了孝道；《宴桃园豪杰三结义 斩黄巾英雄首立功》和《苏轼词二首》则表现了兄弟情义和夫妻之间的深情。《俞伯牙摔琴谢知音》篇则赞美了知音、知己之间的情义。

　　时代在发展，社会在进步，哪怕沧桑巨变，人伦真情仍然值得赞美。我们希望父母子女有敬爱，夫妻有恩爱，兄弟姊妹、朋友有情义，领导、同事有关爱。

第一课　郑伯克段于鄢[1]

【作品简介】

本文选自《左传》。《左传》原名《左氏春秋》，儒家十三经之一。《左传》既是古代汉族史学名著，也是文学名著，我国现存最早的编年体史书，相传为春秋末年鲁国史官左丘明为解释孔子编纂的《春秋》而作，称《春秋左氏传》。约成书于战国初期。

《左传》全书六十卷，以《春秋》为本，史实为纲，按照鲁国君主的次序，记载了自鲁隐公元年至鲁悼公十四年间春秋霸主递嬗的历史，对此时的礼仪规范、典章制度、社会风俗、民族关系、道德观念、天文地理、历法时令等也均有记述和评论，表现出初步的"民本"思想，也是研究先秦儒家思想的重要历史资料。与《公羊传》《谷梁传》合称"《春秋》三传"。

【原文】

初[2]，郑武公[3]娶于申[4]，曰武姜[5]，生庄公及共叔段[6]。庄公寤生[7]，惊姜氏，故名曰寤生，遂恶之。爱共叔段，欲立之。亟[8]请于武公，公弗许。

及庄公即位[9]，为之请制[10]。公曰："制，岩邑[11]也，虢叔死焉[12]。佗邑唯命[13]。"请京[14]，使居之，谓之京城大叔[15]。祭仲曰[16]："都城过百雉[17]，国之害也。先王之制：大都不过参国之一，中五之一，小九之一。今京不度，非制也，君将不堪。"公曰："姜氏欲之，焉辟害？"对曰："姜氏何厌之有！不如早为之所，无使滋蔓[18]，蔓难图也。蔓草犹不可除，况君之宠弟乎！"公曰："多行不义，必自毙[19]，子姑待之。"

既而大叔命西鄙北鄙贰于己[20]。公子吕[21]曰："国不堪贰，君将若之何？欲与大叔，臣请事之；若弗与，则请除之。无生民心。"公曰："无庸[22]，将自及。"大叔又收贰以为己邑[23]，至于廪延[24]。子封曰："可矣，厚将得众。"公曰："不义，不暱[25]，厚将崩。"

大叔完聚，缮甲兵，具卒乘，将袭[26]郑。夫人将启之。公闻其期，曰："可矣！"命子封帅车二百乘[27]以伐京。京叛大叔段，段入于鄢，公伐诸鄢。五月辛丑[28]，大叔出奔共。

书曰："郑伯克段于鄢。"段不弟，故不言弟；如二君，故曰克；称郑伯，讥失教也；谓之郑志。不言出奔，难之也。

遂寘[29]姜氏于城颍，而誓之曰："不及黄泉，无相见也。"既而悔之。颍考叔[30]为颍谷封人[31]，闻之，有献于公，公赐之食，食舍肉。公问之，对曰："小人有母，皆尝小人之食矣，未尝君之羹，请以遗之。"公曰："尔有母遗，繄我独无！"颍考叔曰："敢问何谓也？"公语之故，且告之悔。对曰："君何患焉？若阙[32]地及泉，隧[33]而相见，其谁曰不然？"公从之。公入而赋："大隧之中，其乐也融融！"姜出而赋："大隧之外，其乐也洩洩。"遂为母子如初。

君子曰："颍考叔，纯孝也，爱其母，施及庄公。诗曰：'孝子不匮，永锡尔类。'其是之谓乎[34]！"

【注释】

[1]《郑伯克段于鄢》选自《春秋左传》。

[2] 初：当初，这是回述往事时的说法。

[3] 郑武公：名掘突，郑桓公的儿子，郑国第二代君主。

[4] 娶于申：从申国娶妻。申，春秋时国名，姜姓，河南省南阳市北。

[5] 武姜：郑武公之妻，"姜"是她娘家的姓，"武"是她丈夫武公的谥号。

[6] 共（gōng）叔段：郑庄公的弟弟，名段。他在兄弟之中年岁小，因此称"叔段"。

[7] 寤（wù）生：难产的一种，胎儿的脚先生出来。寤，通"牾"，逆，倒着。

[8] 亟：屡次。于：介词，向。

[9] 及庄公即位：到了庄公做国君的时候。及，介词，到。即位，君主登上君位。

[10] 制：地名，即虎牢，河南省荥（xíng）阳市西北。

[11] 岩邑：险要的城镇。岩，险要。邑，人所聚居的地方。

[12] 虢（guó）叔死焉：东虢国的国君死在那里。虢，指东虢，古国名，为郑国所灭。焉，介词兼指示代词，相当于"于是""于此"。

[13] 佗邑唯命：别的地方，听从您的吩咐。佗，同"他"，指示代词，别的，另外的。唯命，只听从您的命令。

[14] 京：地名，河南省荥阳市东南。

[15] 大：同"太"。王力、朱骏声作古今字。《说文》段注："太从大声，后世凡言大，而以为形容未尽则作太，如大宰，俗作太宰，大子，俗作太子，周大王俗作太王是也。"

[16] 祭（zhài）仲：郑国的大夫。

[17] 都城过百雉（zhì）：都邑的城墙超过了三百丈。都，《左传·庄公二十八年》"凡邑有宗庙先君之主曰都"，指次于国都而高于一般邑等级的城市。雉，古代城墙长一丈，宽一丈，高一丈为一堵，三堵为一雉，即长三丈。

[18] 无使滋蔓：不要让他滋长蔓延。无，通"毋"。

[19] 毙：本义倒下去、垮台，汉以后才有"死"义。

[20] 命西鄙北鄙贰于己：命令原属庄公的西部和北部的边境城邑同时也臣属于自己。鄙，边邑也，从邑，啚声，边境上的城邑。贰，两属。

[21] 公子吕：郑国大夫。

[22] 无庸：不用。古代"庸""用"通用，一般出现于否定式。

[23] 收贰以为己邑：把两属的地方收为自己的领邑。贰，指原来贰属的西鄙北鄙。以为，"以之为"的省略。

[24] 廪（lǐn）延：地名，河南省延津县北。

[25] 暱：同昵（异体），亲近。

[26] 袭：偷袭。行军不用钟鼓。杜预注："轻行掩其不备曰袭"。本是贬义，后逐渐转为中性词。

[27] 帅车二百乘：率领二百辆战车。帅，率领。古代每辆战车配备甲士三人，步卒七十二人。二百乘，共甲士六百人，步卒一万四千四百人。

[28] 辛丑：干支纪日。天干包括甲、乙、丙、丁、戊、己、庚、辛、壬、癸。地支包括子、丑、寅、卯、辰、巳、午、未、申、酉、戌、亥，二者相配，用以纪日，汉以后亦用以纪年。辛丑即二十三日。

[29] 寘："置"的通用字。放置，放逐。

[30] 颍考叔：郑国大夫，执掌颍谷（今河南登封西）。

[31] 封人：管理边界的地方长官。封：聚土培植树木。古代国境以树（沟）为界，故为边界标志。

[32] 阙：通"掘"，挖。

[33] 隧：隧道，这里用作动词，指挖隧道。

[34] 其是之谓乎：其，表推测语气，之，结构助词，助词宾语前置。

【阅读提示】

《郑伯克段于鄢》讲述了鲁隐公元年（前722年），郑庄公与段（其弟共叔段）及其母之间争位的故事：庄公阴险，姑息养奸，纵容其弟；其弟骄纵贪婪，欲夺其王位；母姜氏任性偏心，溺爱幼子。后庄公伺机打败其弟，怨罪于母，后又悔之，与母重归于好。

春秋时期，因周王室的逐渐衰微，各诸侯国之间开始了逐鹿天下的争霸战争，各诸侯国内部统治者之间争夺权势的斗争也加剧起来。在此背景下，庄公与其弟为了争夺王位，他们之间的骨肉亲情不存，有的只是阴谋与算计和生死仇敌。本篇通过这样一则故事说明了"多行不义必自毙"的道理，也讲说了兄弟的悌，以及颍考叔劝君，庄公掘地见母，重归于好的故事表现出的孝及君臣之义，是孝悌故事中的经典。

本文结构完整，脉络清晰，裁剪得当，情节曲折有致，记叙优美如散文，特别是使用"春秋笔法"叙事，语言简洁，人物形象鲜明丰满，把郑庄公的老谋深算、阴险狡诈刻画得淋漓尽致；姜氏的任性、褊狭昏愦，共叔段的愚昧、贪婪狂妄也通过他们各自的言行表现得明晰而生动。

但后人对此文有些细节的评价是有些不同看法的。如文中郑庄公对共叔段的一系列行为，有人认为表现了庄公的"仁慈"和"忍让"，有人却认为他是别有用心的故意纵容，是有意"养成其恶"，十分狡诈。有观点认为，姜氏先因庄公"'寤生'，遂恶之"，后"爱共叔段，欲立之"，企图灭掉庄公，与庄公毫无母子之情，后却与庄公不计前嫌重归于好，所以"遂为母子如初"的结局是一则丑剧，并认为庄公赋"大隧之中，其乐也融融！"集中地表现了庄公的伪善与丑恶。

【思考与探究】

1. "遂为母子如初"，其中"初"指的具体内容什么？你如何看待故事的这样一个结局？

2. 《郑伯克段于鄢》这个故事阐述了怎样的思想道理？对于今天的读者具有怎样的意义？

3. 本文在行文、结构上有何特点？史家的"春秋笔法"指的是什么？本文中的"春秋笔法"表现在哪里？

【相关资料链接】

《郑伯克段于鄢》名句赏析

此篇是《左传》开篇的第一则，表现了儒家的孝悌思想，也阐述了"多行不义必自毙"的观点。《古文观止》（卷一）将这一故事收录其中，后《史记》卷四十二《郑世家》也将此故事收录。

（1）无使滋蔓，蔓难图也。

译文：不要使（事物的发展等）滋长蔓延，（否则）一旦蔓延将难以控制（后面的局势）。

现代语义：表示要重视每一个细小之处，及早处理，不要纵容成大患。

类似词语和语句：防微杜渐；千里之堤，溃于蚁穴；勿以恶小而为之，勿以善小而不为。

（2）多行不义必自毙。

译文：多做不义之事必定自取灭亡。

现代语义：含有天理公义之理，善恶因果报应之义。此句今已广泛流传，用于警戒不要行恶事。

类似词语和语句：咎由自取；作茧自缚；天网恢恢，疏而不漏；善有善报，恶有恶报；天道循环，报应不爽。

（3）不及黄泉，无相见也。

译文：不到黄泉（死了以后），不再相见。

现代语义：表达了极度伤心、愤怒之后，不愿再交往、不想再见的情绪。

类似词语和语句：深恶痛绝。常用语：下辈子吧、等我死了再……

（4）……其乐也融融……其乐也洩洩（yì）。

译文：……快乐、和睦的样子……舒畅快乐的样子。

现代语义：成语"其乐融融"即出自此处。用于表达彼此关系快乐融洽的情景。

类似词语：其乐无穷；怡然自得；欣喜万分等。

（5）尔有母遗，繄（yī）我独无！

译文：你有母亲可以孝敬，（可叹）我却没有。

现代语义：表示由人及己，感叹自己无亲可侍的遗憾和悲伤。用于表达亲人已逝世或远离而难以尽孝的哀婉情绪。

类似语句：子欲养而亲不在。

第二课　宴桃园豪杰三结义　斩黄巾英雄首立功

【作者简介】

本文即《三国演义》第一回。《三国演义》作者罗贯中（约1330年—约1400年），名本，字贯中，号湖海散人。元末明初著名小说家、戏曲家，中国章回小说的鼻祖。

罗贯中生于元末明初的封建王朝时代，曾随父经商。元朝末年，天下大乱，群雄并起，"有志图王"的罗贯中参加了农民起义军并成为张士诚幕府，后因意见得不到采纳和家庭变故等，中途退出，在施耐庵的劝说下，开始写书。由于曾与吴王朱元璋为敌，在明朝建立之后，罗贯中放弃读书人步入官场的机会，专心创作，最终病逝于杭州。

他一生著述颇丰，主要作品有：剧本《赵太祖龙虎风云会》《忠正孝子连环谏》《三平章死哭蜚虎子》；小说《三国演义》《隋唐两朝志传》《残唐五代史演义》《三遂平妖传》《粉妆楼》，和施耐庵合著的《水浒传》。《三国演义》是罗贯中的代表作，这部长篇小说对后世文学创作影响深远，是我国古典四大名著之一。

【原文】

滚滚长江东逝水，浪花淘尽英雄。是非成败转头空。青山依旧在，几度夕阳红。

白发渔樵[1]江渚[2]上，惯看秋月春风。一壶浊酒喜相逢。古今多少事，都付笑谈中。

——调寄《临江仙》[3]

话说天下大势，分久必合，合久必分。周末七国分争，并入于秦。及秦灭之后，楚、汉分争，又并入于汉。汉朝自高祖斩白蛇而起义，一统天下，后来光武中兴，传至献帝，遂分为三国。推其致乱之由，殆[4]始于桓、灵二帝。桓帝禁锢善类[5]，崇信宦官。及桓帝崩[6]，灵帝即位，大将军[7]窦武、太傅陈蕃，共相辅佐。时有宦官曹节等弄权[8]，窦武、陈蕃谋诛之，机事不密，反为所害，中涓自此愈横。

建宁二年四月望日，帝御温德殿。方升座，殿角狂风骤起。只见一条大青蛇，从梁上飞将下来，蟠[9]于椅上。帝惊倒，左右急救入宫，百官俱奔避。须臾[10]，蛇不见了。忽然大雷大雨，加以冰雹，落到半夜方止，坏却房屋无数。建宁四年二月，洛阳地震；又海水泛溢，沿海居民，尽被大浪卷入海中。光和元年，雌鸡化雄。六月朔，黑气十余丈，飞入温德殿中。

秋七月，有虹现于玉堂；五原山岸，尽皆崩裂。种种不祥，非止一端。帝下诏问群臣以灾异之由，议郎蔡邕[11]上疏，以为蜺堕[12]鸡化，乃妇寺干政之所致，言颇切直。帝览奏叹息，因起更衣。曹节在后窃视，悉宣告左右；遂以他事陷邕于罪，放归田里。后张让、赵忠、封谞[13]、段珪、曹节、侯览、蹇硕、程旷、夏恽、郭胜十人朋比为奸[14]，号为"十常侍"。帝尊信张让，呼为"阿父"。朝政日非，以致天下人心思乱，盗贼蜂起。

时巨鹿郡有兄弟三人，一名张角，一名张宝，一名张梁。那张角本是个不第秀才，因入山采药，遇一老人，碧眼童颜，手执藜杖，唤角至一洞中，以天书三卷授之，曰："此名《太平要术》，汝得之，当代天宣化，普救世人；若萌异心，必获恶报。"角拜问姓名。老人曰："吾乃南华老仙也。"言讫，化阵清风而去。角得此书，晓夜攻习，能呼风唤雨，号为"太平道人"。中平元年正月内，疫气流行，张角散施符水，为人治病，自称"大贤良师"。角有徒弟五百余人，云游四方，皆能书符念咒。次后徒众日多，角乃立三十六方，大方万余人，小方六七千，各立渠帅，称为将军；讹言："苍天已死，黄天当立；岁在甲子，天下大吉。"令人各以白土书"甲子"二字于家中大门上。青、幽、徐、冀、荆、扬、兖、豫八州之人，家家侍奉大贤良师张角名字。角遣其党马元义，暗赍[15]金帛，结交中涓封谞，以为内应。角与二弟商议曰："至难得者，民心也。今民心已顺，若不乘势取天下，诚为可惜。"遂一面私造黄旗，约期举事；一面使弟子唐周，驰书报封谞。唐周乃径赴省中告变。

帝召大将军何进调兵擒马元义，斩之；次收封谞等一干人下狱。张角闻知事露，星夜举兵，自称"天公将军"，张宝称"地公将军"，张梁称"人公将军"。申言[16]于众曰："今汉运将终，大圣人出。汝等皆宜顺天从正，以乐太平。"四方百姓，裹黄巾从张角反者四五十万。

贼势浩大，官军望风而靡[17]。何进奏帝火速降诏，令各处备御，讨贼立功。一面遣中郎将卢植、皇甫嵩、朱儁[18]，各引精兵，分三路讨之。

且说张角一军，前犯幽州界分。幽州太守刘焉，乃江夏竟陵人氏，汉鲁恭王之后也。当时闻得贼兵将至，召校尉邹靖计议。靖曰："贼兵众，我兵寡，明公宜作速招军应敌。"刘焉然其说，随即出榜招募义兵。

榜文行到涿县，引出涿县中一个英雄。那人不甚好读书；性宽和，寡言语，喜怒不形于色；素有大志，专好结交天下豪杰；生得身长八尺，两耳垂肩，双手过膝，目能自顾其耳，面如冠玉，唇若涂脂；中山靖王刘胜之后，汉景帝阁下玄孙，姓刘名备，字玄德。昔刘胜之子刘贞，汉武时封涿鹿亭侯，后坐酎金失侯，因此遗这一枝在涿县。玄德祖刘雄，父刘弘。弘曾举孝廉，亦尝作吏，早丧。玄德幼孤，事母至孝；家贫，贩屦[19]织席为业。家住本县楼桑村。其家之东南，有一大桑树，高五丈余，遥望之，童童如车盖。相者云："此家必出贵人。"玄德幼时，与乡中小儿戏于树下，曰："我为天子，当乘此车盖。"叔父刘元起奇其言，曰："此儿非常人也！"因见玄德家贫，常资给之。年十五岁，母使游学，尝师事郑玄、卢植，与公孙瓒等为友。

及刘焉发榜招军时，玄德年已二十八岁矣。当日见了榜文，慨然长叹。随后一人厉声言曰："大丈夫不与国家出力，何故长叹？"玄德回视其人，身长八尺，豹头环眼，燕颔虎须，声若巨雷，势如奔马。玄德见他形貌异常，问其姓名。其人曰："某姓张名飞，字翼德。世居涿郡，颇有庄田，卖酒屠猪，专好结交天下豪杰。恰才见公看榜而叹，故此相问。"玄德曰："我本汉室宗亲，姓刘，名备。今闻黄巾倡乱，有志欲破贼安民，恨力不能，故长叹耳。"飞曰："吾颇有资财，当招募乡勇，与公同举大事，如何？"玄德甚喜，遂与同入村店中饮酒。

正饮间，见一大汉，推着一辆车子，到店门首歇了，入店坐下，便唤酒保："快斟酒来吃，我待赶入城去投军。"玄德看其人：身长九尺，髯长二尺；面如重枣，唇若涂脂；丹凤眼，卧蚕眉，相貌堂堂，威风凛凛。玄德就邀他同坐，叩其姓名。其人曰："吾姓关名羽，字长生，后改云长，河东解良人也。因本处势豪倚势凌人，被吾杀了，逃难江湖，五六年矣。今闻此处招军破贼，特来应募。"玄德遂以己志告之，云长大喜。同到张飞庄上，共议大事。飞曰："吾庄后有一桃园，花开正盛；明日当于园中祭告天地，我三人结为兄弟，协力同心，然后可图大事。"玄德、云长齐声应曰："如此甚好。"

次日，于桃园中，备下乌牛白马祭礼等项，三人焚香再拜而说誓曰："念刘备、关羽、张飞，虽然异姓，既结为兄弟，则同心协力，救困扶危；上报国家，下安黎庶。不求同年同月同日生，只愿同年同月同日死。皇天后土，实鉴此心，背义忘恩，天人共戮！"誓毕，拜玄德为兄，关羽次之，张飞为弟。祭罢天地，复宰牛设酒，聚乡中勇士，得三百余人，就桃园中痛饮一醉。来日收拾军器，但恨无马匹可乘。正思虑间，人报有两个客人，引一伙伴，赶一群马，投庄上来。玄德曰："此天佑我也！"三人出庄迎接。原来二客乃中山大商：一名张世平，一名苏双，每年往北贩马，近因寇发而回。玄德请二人到庄，置酒管待，诉说欲讨贼安民之意。二客大喜，愿将良马五十匹相送；又赠金银五百两，镔铁一千斤，以资器用。

玄德谢别二客，便命良匠打造双股剑。云长造青龙偃月刀，又名"冷艳锯"，重八十二斤。张飞造丈八点钢矛。各置全身铠甲。共聚乡勇五百余人，来见邹靖。邹靖引见太守刘焉。三人参见毕，各通姓名。玄德说起宗派，刘焉大喜，遂认玄德为侄。不数日，人报黄巾贼将程远志统兵五万来犯涿郡。刘焉令邹靖引玄德等三人，统兵五百，前去破敌。玄德等欣然领军前进，直至大兴山下，与贼相见。贼众皆披发，以黄巾抹额。当下两军相对，玄德出马，左有云长，右有翼德，扬鞭大骂："反国逆贼，何不早降！"程远志大怒，遣副将邓茂出战。张飞挺丈八蛇矛直出，手起处，刺中邓茂心窝，翻身落马。程远志见折了邓茂，拍马舞刀，直取张飞。云长舞动大刀，纵马飞迎。程远志见了，早吃一惊，措手不及，被云长刀起处，挥为两段。后人有诗赞二人曰：英雄露颖在今朝，一试矛兮一试刀。初出便将威力展，三分好把姓名标。

众贼见程远志被斩，皆倒戈而走。玄德挥军追赶，投降者不计其数，大胜而回。刘焉亲自迎接，赏劳军士。次日，接得青州太守龚景牒文，言黄巾贼围城将陷，乞赐救援。刘焉与玄德商议。玄德曰："备愿往救之。"刘焉令邹靖将兵五千，同玄德、关、张，投青州来。

贼众见救军至，分兵混战。玄德兵寡不胜，退三十里下寨。

玄德谓关、张曰："贼众我寡；必出奇兵，方可取胜。"乃分关公引一千军伏山左，张飞引一千军伏山右，鸣金为号，齐出接应。次日，玄德与邹靖引军鼓噪而进。贼众迎战，玄德引军便退。贼众乘势追赶，方过山岭，玄德军中一齐鸣金，左右两军齐出，玄德麾军回身复杀。三路夹攻，贼众大溃。直赶至青州城下，太守龚景亦率民兵出城助战。贼势大败，剿戮极多，遂解青州之围。后人有诗赞玄德曰：运筹决算有神功，二虎还须逊一龙。初出便能垂伟绩，自应分鼎在孤穷。

龚景犒军毕，邹靖欲回。玄德曰："近闻中郎将卢植与贼首张角战于广宗，备昔曾师事卢植，欲往助之。"于是邹靖引军自回，玄德与关、张引本部五百人投广宗来。至卢植军中，入帐施礼，具道来意。卢植大喜，留在帐前听调。

时张角贼众十五万，植兵五万，相拒于广宗，未见胜负。植谓玄德曰："我今围贼在此，贼弟张梁、张宝在颍川，与皇甫嵩、朱儁对垒。汝可引本部人马，我更助汝一千官军，前去颍川打探消息，约期剿捕。"玄德领命，引军星夜投颍川来。

时皇甫嵩、朱儁领军拒贼，贼战不利，退入长社，依草结营。嵩与儁计曰："贼依草结营，当用火攻之。"遂令军士，每人束草一把，暗地埋伏。其夜大风忽起。二更以后，一齐纵火，嵩与儁各引兵攻击贼寨，火焰张天，贼众惊慌，马不及鞍，人不及甲，四散奔走。

杀到天明，张梁、张宝引败残军士，夺路而走。忽见一彪军马，尽打红旗，当头来到，截住去路。为首闪出一将，身长七尺，细眼长髯，官拜骑都尉，沛国谯郡人也，姓曹，名操，字孟德。操父曹嵩，本姓夏侯氏，因为中常侍曹腾之养子，故冒姓曹。曹嵩生操，小字阿瞒，一名吉利。操幼时，好游猎，喜歌舞，有权谋，多机变。操有叔父，见操游荡无度，尝怒之，言于曹嵩。嵩责操。操忽心生一计，见叔父来，诈倒于地，作中风之状。叔父惊告嵩，嵩急视之。操故无恙。嵩曰："叔言汝中风，今已愈乎？"操曰："儿自来无此病；因失爱于叔父，故见罔耳。"嵩信其言。后叔父但言操过，嵩并不听。因此，操得恣意放荡。时人有桥玄者，谓操曰："天下将乱，非命世之才不能济。能安之者，其在君乎？"南阳何颙见操，言："汉室将亡，安天下者，必此人也。"汝南许劭，有知人之名。操往见之，问曰："我何如人？"劭不答。又问，劭曰："子治世之能臣，乱世之奸雄也。"

操闻言大喜。年二十，举孝廉，为郎，除洛阳北部尉。初到任，即设五色棒十余条于县之四门，有犯禁者，不避豪贵，皆责之。中常侍蹇硕之叔，提刀夜行，操巡夜拿住，就棒责之。由是，内外莫敢犯者，威名颇震。后为顿丘令，因黄巾起，拜为骑都尉，引马步军五千，前来颍川助战。正值张梁、张宝败走，曹操拦住，大杀一阵，斩首万余级，夺得旗幡、金鼓、马匹极多。张梁、张宝死战得脱。操见过皇甫嵩、朱儁，随即引兵追袭张梁、张宝去了。

却说玄德引关、张来颍川，听得喊杀之声，又望见火光烛天，急引兵来时，贼已败散。

玄德见皇甫嵩、朱儁，具道卢植之意。嵩曰："张梁、张宝势穷力乏，必投广宗去依张角。玄德可即星夜往助。"玄德领命，遂引兵复回。到得半路，只见一簇军马，护送一辆槛车，车中之囚，乃卢植也。玄德大惊，滚鞍下马，问其缘故。植曰："我围张角，将次可破；因角用妖术，未能即胜。朝廷差黄门左丰前来体探，问我索取贿赂。我答曰：'军粮尚缺，安有余钱奉承天使？'左丰挟恨，回奏朝廷，说我高垒不战，惰慢军心；因此朝廷震怒，遣中郎将董卓来代将我兵，取我回京问罪。"张飞听罢，大怒，要斩护送军人，以救卢植。玄德急止之曰："朝廷自有公论，汝岂可造次？"军士簇拥卢植去了。关公曰："卢中郎已被逮，别人领兵，我等去无所依，不如且回涿郡。"玄德从其言，遂引军北行。行无二日，忽闻山后喊声大震。玄德引关、张纵马上高冈望之，见汉军大败，后面漫山塞野，黄巾盖地而来，旗上大书"天公将军"。玄德曰："此张角也！可速战！"三人飞马引军而出。张角正杀败董卓，乘势赶来，忽遇三人冲杀，角军大乱，败走五十余里。

三人救了董卓回寨。卓问三人现居何职。玄德曰："白身。"卓甚轻之，不为礼。玄德出，张飞大怒曰："我等亲赴血战，救了这厮，他却如此无礼。若不杀之，难消我气！"便要提刀入帐来杀董卓。正是：人情势利古犹今，谁识英雄是白身？安得快人如翼德，尽诛世上负心人！毕竟董卓性命如何，且听下文分解。

【注释】

[1] 樵（qiáo）：砍柴人。

[2] 江渚（zhǔ）：水中小块陆地。

[3] 临江仙：词牌名。本词作者为杨慎（1488 年—1559 年），明代文学家；字用修，号升庵；新都（今属四川）人。调寄《临江仙》是杨慎所作《廿一史弹词》中第三段《说秦汉》的开场词，后毛宗岗父子评刻《三国演义》时将其放在卷首。

[4] 殆（dài）：大概，恐怕。

[5] 禁锢：禁止人做官或参加政治活动。善类：好人，指当时反对宦官专权的士大夫。

［6］崩：死，古代帝王或王后的死叫"崩"。

［7］大将军：始于战国，是将军的最高封号，汉代沿置，职掌统兵征战。

［8］弄权：不正当地使用权力。

［9］蟠（pán）：盘曲地伏着。

［10］须臾：极短的时间，片刻。

［11］蔡邕（yōng）：字伯喈，开封陈留人，东汉文学家、书法家。就是后面蔡琰的父亲。

［12］蜺（ní）：副虹。古人认为色彩鲜明的内环叫"虹"，代表雄性；色彩暗淡的外环叫"蜺"，代表雌性。正常的虹外圈为"霓"，内圈为"虹"。这里所说的"霓堕"，是指霓进内圈。

［13］谞：音 xū。

［14］朋比为奸：坏人勾结在一起干坏事。朋比，依附，互相勾结。

［15］赍（jī）：怀抱着，带着。

［16］申言：郑重宣告。

［17］靡（mí）：溃散。

［18］儁：音 jùn。

［19］屦（jù）：古代用麻葛制成的一种鞋。

【阅读提示】

《三国演义》，中国第一部长篇章回体小说，元末明初小说家罗贯中所著。小说依史演义，以三国纷争的历史进程为主线，以各个军事集团兴亡为焦点，概括了东汉末年到西晋初年之间近百年的历史风云巨变，反映了三国时代的政治、军事斗争，塑造了一批叱咤风云的英雄人物，作者总结历史经验教训的意图十分鲜明。

本篇是小说的第一回。东汉末年，朝政腐败，连年饥荒，民不聊生，农民起义并起。因有为国效力、建功立业之心，刘备、关羽、张飞三人具来投奔幽州太守刘焉。三人萍水相逢，志趣相投，于是桃园三结义，成为异姓兄弟，兄弟三人从此进入历史舞台。从军后，刘、关、张显示出非凡的才能，一败黄巾于琢郡，二败黄巾于青州。不久，又救出被张角打败的董卓，与朱儁、孙坚进攻黄巾，大胜。

本章节，刘、关、张和曹操等重要人物登上历史的舞台，作者通过对三人的描写，准确刻画出人物形象特征。而刘备和曹操出场的不同，则曲折表现了作者的历史观。

【思考与探究】

1. 本文是小说的第一回，刘、关、张三人出场。请根据小说对三人的初步描写，分析其形象特征。

2.《三国演义》的作者在本章节对刘备、曹操二人出场有不同的描写，表现了作者怎样的思想？请试做分析。

【相关资料链接】

三 国 演 义

（1）《三国演义》是我国现存较早的一部章回体小说，作者罗贯中，元末明初人。

（2）现存最早的版本是明代嘉靖年间《三国志通俗演义》，最流行的版本是清初毛纶、毛宗岗父子整理和点评过的《三国志演义》。

（3）在对三国历史的把握上，罗贯中表现出了明显的"拥刘反曹"倾向，以刘备集团作为描写的中心，对刘备集团的主要人物加以歌颂，对曹操则极力揭露鞭挞。"尊刘反曹"是民间传说的主要倾向。

（4）主要情节大致如下。

第一至三十三回：魏武挥鞭，曹军壮大；

第三十四至五十回：赤壁之战，三国鼎立；

第五十一至七十四回：刘军强盛，进位汉中；

第七十五至八十五回：争夺荆州，白帝托孤；

第八十六至一百二十回：南征北战，三国归晋。

（5）主要人物：刘备、关羽、张飞、曹操、诸葛亮、周瑜。

人物形象："三绝"——义绝关羽、智绝诸葛亮、奸绝曹操。

（6）成语：如鱼得水、初出茅庐、望梅止渴、才高八斗、刮目相待、乐不思蜀、宝刀未老……

俗语：扶不起的阿斗、赔了夫人又折兵、说曹操曹操到、身在曹营心在汉……

名句：勿以恶小而为之，勿以善小而不为——刘备；淡泊以明志，宁静而致远——诸葛亮；宁教我负天下人，休叫天下人负我——曹操……

（7）重要战役举例如下。

官渡之战（第三十回，曹操—袁绍），北方统一：关羽斩颜良、文丑，许攸献策，火烧乌巢。

赤壁之战（第四十四至五十回，孙刘联军—曹操），三分天下：舌战群儒，蒋干盗书，草船借箭，黄盖诈降，庞统连环计，借东风，华容道。

彝陵之战（第八十四回，刘备—陆逊），三国归晋：关羽之死，张飞之死，火烧连营，白帝托孤。

第三课　苏轼词二首

【作者简介】

苏轼（1037年—1101年），北宋著名文学家、书画家、诗人、词人，豪放派词人代表，唐宋八大家之一。字子瞻，号东坡居士。汉族，眉州眉山（今属四川）人，与父苏洵、弟苏辙合称"三苏"。嘉祐二年（1057年）与弟苏辙同登进士，授大理评事，签书凤翔府判官。熙宁二年（1069年），父丧守制期满还朝，为判官告院。与王安石政见不合，反对推行新法，自请外任，出为杭州通判。迁知密州（今山东诸城），移知徐州。元丰二年（1079年），罹"乌台诗案"，责授黄州（今湖北黄冈）团练副使。元祐四年（1089年）又出知杭州，后改知颍州，知扬州、定州。元祐八年（1093年）哲宗亲政，被远贬惠州（今广东惠阳），再贬昌化军（今海南儋州）。徽宗即位，遇赦北归，建中靖国元年（1101年）卒于常州（今属江苏），年六十六。

苏轼是北宋中期文坛的领袖，在诗、词、散文、书、画等方面都有极高的成就。作为杰出的词人，开辟了豪放词风，同杰出词人辛弃疾并称为"苏辛"。其作品有《东坡七集》《东坡乐府》等，《念奴娇·赤壁怀古》与《水调歌头·丙辰中秋》传颂甚广。

【原文】

水调歌头[1]

丙辰[2]中秋，欢饮达旦，大醉，作此篇，兼怀子由。

明月几时有？把酒问青天[3]。不知天上宫阙，今夕是何年[4]。我欲乘风归去，又恐琼楼玉宇，高处不胜寒。起舞弄清影，何似在人间！

转朱阁，低绮户，照无眠。不应有恨，何事长向别时圆[5]？人有悲欢离合，月有阴晴圆缺，此事古难全。但愿人长久，千里共婵娟[6]。

【注释】

[1] 大曲《水调歌》的首段，故曰"歌头"。双调，九十五字，平韵。

〔2〕丙辰：熙宁九年（1076年）。

〔3〕把酒问青天：李白《把酒问天》："青天有月来几时？我今停杯一问之。"此化用其意。

〔4〕今夕是何年：牛僧孺《周秦行纪》："共道人间惆怅事，不知今夕是何年。"此化用其意。

〔5〕何事长向别时圆：司马光《温公续诗话》记石曼卿诗："月如无恨月长圆。"此化用其意。

〔6〕婵娟：月色美好。

【阅读提示】

公元1076年（北宋神宗熙宁九年），苏轼在密州（今山东诸城）任太守，此时距公元1071年（宋神宗熙宁四年）苏轼为了避开汴京政争的漩涡而自请外放已有许久了，和胞弟子由分别也有多年未见。所以，这首中秋词，是咏月怀人之作，更是宦途险恶体验的升华与总结。

词作开篇即把酒问天："明月几时有？"好像是在追溯明月的起源、宇宙的起源，又好像是在惊叹造化的巧妙，进而幻想"乘风归去"去那"琼楼玉宇"看一看。"归"，即归宿，词人似乎早已把那里当成自己的归宿，这是词人道家出世登仙思想的反映，也是政治上的波折、人世间的磋磨，迫使词人幻想超脱思想的反映，但终究，词人对人世间是眷恋的，词作因此转写人世间。在写作中，一个"我欲"、一个"又恐"、一个"何似"，转折开阖中，细腻地显示出了苏轼感情上的这种波澜起伏。

下片承上片，转写人世间的悲欢离合。夜已深沉，中秋佳节，和亲人无法团聚、团圆的人今夜"无眠"，流露出淡淡的忧伤。但随即词人宽慰自己，自古以来世上就难有十全十美的事。既然如此，又何必为暂时的离别而感到忧伤、遗恨呢？因此发出"但愿人长久"，但愿"共婵娟"的美好祝愿，这是词人对一切经受着离别之苦之人的深挚的慰问和祝愿，给全词增加了积极奋发的意蕴。

这首词是苏词代表作之一，享有"中秋词，自东坡《水调歌头》一出，余词尽废"的美誉。本词既赞美明月，也眷恋人世；既厌薄宦海浮沉，幻想超脱，也立足现实，执着人生；既怀抱心事，也乐观旷达。浪漫而阔大的意境中，透露出浓厚的哲学意味。

【思考与探究】

1. 依据词作内容，试分析这首词表现了词人什么样的人生态度。

2. 谈谈你对"但愿人长久，千里共婵娟"的理解。

3. 词中哪些是实景，哪些是虚景，试做分析。

【相关资料链接】

词 牌 说 明

水调歌头，词牌名，来源于《水调》曲，据《隋唐嘉话》，为隋炀帝凿汴河时所作，至唐而兴盛，深受大家的喜爱，玄宗本人也喜听此曲。经唐、五代、北宋，传唱四五百年而不衰，为当时名曲。唐朝大曲有《水调歌》，宋时为"中吕调"（见《碧鸡漫志》卷四）。"水调歌头"，则是截取唐大曲《水调》的首章另倚新声而成。正体全曲九十五字，前后片各四平韵。毛滂《元会曲·九金增宋重》是其代表。另有元会曲、凯歌、台城游、江南好、花犯念奴等异名。代表词作有：苏舜钦的《水调歌头·沧浪亭》、苏轼的《水调歌头·明月几时有》、张孝祥的《水调歌头·金山观月》、毛泽东的《水调歌头·游泳》等。

苏轼与苏辙

苏辙（1039年—1112年），字子由，晚号颍滨遗老，北宋文学家、诗人，唐宋八大家之一，官至宰相。苏轼之弟。苏轼与其弟苏辙情谊深厚。他们同科进士一起步入仕途，两人政治思想大致相同，在变法争斗中共同进退。他们是兄弟，是师生，诗词上相互唱和唱和，政治上相互支持，精神上相互勉励慰藉。

苏轼早年曾拜于刘巨门下读书，夏天某日，在学舍与同窗陈建用、杨尧咨、乃弟苏辙做大雨联句。陈建用对"庭松偃盖如醉"，杨尧咨对"夏雨新凉似秋"，苏轼对"有客高吟拥鼻"，最后苏辙对"无人共吃馒头"。众皆倾倒。

"乌台诗案"期间，苏轼下狱被贬，苏辙欲学汉代淳于缇萦救父的典故，愿免一身官职，为兄赎罪，最后同遭惩治，被贬为监筠州盐酒税务。苏轼出狱以后，苏辙前去接狱，特捂其嘴，以示三缄其口。元祐年间，子由升为尚书右丞；子瞻又遭人排挤，乞求外任。子由连上四札，亦乞外任。

宋人笔记记载："东坡病殁于晋陵，伯达、叔仲归许昌。生事萧然。公笃爱天伦。曩岁别业在浚都，鬻之九千数百钱，悉以助焉。嘱以轻用，时公方降三官，谪籍夺俸。东坡殁后，二苏两房大小近百余口聚居。"

江 城 子

乙卯正月二十日夜记梦

十年生死两茫茫，不思量，自难忘。千里孤坟，无处话凄凉。纵使相逢应不识，尘满面，鬓如霜。

夜来幽梦忽还乡[1]，小轩窗[2]，正梳妆。相顾无言[3]，惟有泪千行。料得年年肠断处[4]，明月夜，短松冈。

【注释】

[1] 幽梦：梦境隐约，故云幽梦。

[2] 小轩窗：意指小室的窗下。

[3] 顾：看。

[4] 肠断处：孟棨《本事诗·徵异第五》载张姓妻孔氏赠夫诗："欲知肠断处，明月照孤坟。"

【阅读提示】

这首词是苏轼为悼念亡妻王弗而写，是一首悼亡词，表达了对亡妻深挚的思念之情。

此词开篇明义，写梦前的刻骨相思，说夫妻双方十载生死相隔、音容渺茫，即使"不思量"，也"自难忘"，为全篇定下了伤悼的感情基调。在"纵使相逢"的幻境中，通过容颜的衰老、"应不识"的慨叹，写出了词人十年来宦海沉浮的不幸和人世的沧桑，更加重了伤悼之意。下片则是记梦。写梦中回故乡的喜悦，看见新婚时妻子轩窗下对镜理妆，心里满是蜜意柔情。继而，夫妻直面相对，却"相顾无言，惟有泪千行"。转瞬梦醒，则是思念与伤悲夹杂，柔肠寸断。

全词紧扣主题"记梦"，记梦前的无限相思、梦中的悲喜交加、梦醒后的柔肠寸断，过去、眼前与未来相融，现实与梦境结合，叙述与白描结合。词作语言质朴，直抒胸臆，情节起伏跌宕，用笔进退有度，感情有悲有喜，极尽曲折变化之能事，是唐五代及北宋以来悼亡中不可多得的作品。以词写悼亡，更是苏轼的首创。

【思考与探究】

1. 细读词作，仔细体会苏轼对亡妻深挚的悼念之情。

第五单元 人伦亲情 赞美人生

2. 本词题为"记梦",上片是否写梦境?如果没有,是否有离题的嫌疑?

3. 试分析词中白描手法的运用与作用。

【相关资料链接】

江　城　子

江城子,词牌名,又名"江神子"。来源于唐著词曲调,最早由文人韦庄依调创作,见于《花间集》。单调,三十五字,七句五平韵。兴起于晚唐五代,衰落于金元时期。代表作品有苏轼《江城子·密州出猎》和《江城子·乙卯正月二十日夜记梦》等。

王弗(1039年—1065年),苏轼的结发妻子,眉州青神人(今四川省眉山市青神县)。自幼聪慧谦谨,知书达理,十六岁嫁给苏轼为妻。二人情深意笃,恩爱有加。她是苏轼生活上的伴侣,也是苏轼事业上的贤内助,曾有"幕后听言"的故事。婚后育有一子苏迈,即苏轼的长子。宋英宗治平二年(1065年),王弗卒于京师开封,葬于眉州彭山区。熙宁八年(1075年),苏轼为避政治纷争,自请外放,至密州。正月二十日,梦见爱妻王氏,因而写下了传诵千古的悼亡词《江城子·乙卯正月二十日夜记梦》,表达对亡妻的思念。

"幕后听言"的故事

苏轼是个性情浪漫的人,对人真诚,不怀戒心,"觉天下无一个坏人",他仕途的坎坷很难说不与此有关。发妻王弗在世时,他刚到凤翔上任,凡处于外,王弗都要问个详细,在对人对事上常常给予他种种劝诫,她说"子去亲远,不可以不慎"。《亡妻王氏墓志铭》中还记载着这样一个后世流传已久的"幕后听言"的故事:

轼与客言于外,君立屏间听之,退必反覆其言曰:"某人也,言辄持两端,惟子意之所向,子何用与是人言?"有来求与轼亲厚甚者,君曰:"恐不能久。其与人锐,其去人必速。"已而果然。

王弗在陪伴苏轼的11年间,多是作为苏轼的建议人和监督人的,在《苏轼文集》卷七十三《先夫人不发宿藏》中,苏轼记载:某官于岐下,所居大柳下,雪方尺不积;雪晴,地坟起数寸。轼疑是古人藏丹药处,欲发之。亡妻崇德君曰:"使吾先姑在,必不发也。"轼愧而止。

第四课　俞伯牙摔琴谢知音

【作者简介】

冯梦龙（1574年—1646年），明代文学家、戏曲家。字犹龙，又字子犹，号龙子犹、墨憨斋主人、顾曲散人、吴下词奴等。汉族，南直隶苏州府长洲县（今江苏苏州）人。出身名门世家，自小好读书，涉猎广泛，专注于科举，却屡试不第，直到崇祯三年（1630年），五十七岁时，才补为贡生，次年破例授丹徒训导，七年（1634年）升任福建寿宁知县。在清兵南下时，以七十岁高龄积极进行反清宣传，亲自奔走反清大业。清顺治三年（1646年）春忧愤而死，一说被清兵所杀。在思想上，不愿受封建道德约束，追求个性解放；在文学上，他重视通俗文学，强调真情实感与教化作用。他勤于著作，创作颇丰，最有名的作品为《喻世明言》（《古今小说》）、《警世通言》、《醒世恒言》，合称"三言"。三言与凌蒙初的《初刻拍案惊奇》《二刻拍案惊奇》合称"三言两拍"，是中国白话短篇小说的经典代表。冯梦龙在小说、戏曲、民歌、笑话等通俗文学的创作、搜集、整理、编辑等方面也都有突出的成就。

【原文】

浪说曾分鲍叔金，谁人辨得伯牙琴！于今交道好如鬼，湖海空悬一片心。

古来论交情至厚莫如管鲍。管是管夷吾，鲍是鲍叔牙。他两个同为商贾，得利均分，时管夷吾多取其利，叔牙不以为贪，知其贫也。后来管夷吾被囚，叔牙脱之，荐为齐相。这样朋友，才是个真正相知。这相知有几样名色：恩德相结者，谓之知己；腹心相照者，谓之知心；声气相求者，谓之知音，总来叫做相知。今日听在下说一桩俞伯牙的故事。列位看官们，要听者，洗耳而听；不要听者，各随尊便。正是：知音说与知音听，不是知音不与谈。

话说春秋战国时，有一名公，姓俞名瑞字伯牙，楚国郢都人氏，即今湖广荆州府之地也。那俞伯牙身虽楚人，官星却落于晋国，仕至上大夫之位。因奉晋主之命，来楚国修聘[1]。伯牙讨这个差使，一来是个大才，不辱君命；二来就便省视乡里，一举两得。当时从陆路至于郢都，朝见了楚王，致了晋主之命。楚王设宴款待，十分相敬。那郢都乃是桑梓之地，少不得去看一看坟墓，会一会亲友。然虽如此，各事其主，君命在身，不敢迟留。公事已毕，拜辞楚王，楚王赠以黄金采缎，高车驷马。伯牙离楚一十二年，思想故国江山之胜，欲得恣情观览，要打从水路大宽转而回。乃假奏楚王道："臣不幸有犬马之疾，不胜车马驰骤。乞假臣舟楫，以便医药。"楚王准奏，命水师拨大船二只，一正一副。正船单坐晋国来使，副船安顿仆从行李，都是兰桡[2]画桨，锦帐高帆，甚是齐整。群臣直送到江头而别。

只因览胜探奇，不顾山遥水远。伯牙是个风流才子，那江山之胜，正投其怀。张一片风帆，凌千层碧浪，看不尽遥山叠翠，远水澄清。不一日，行至汉阳江口。时当八月十五日中秋之夜，偶然风狂浪涌，大雨如注。舟楫不能前进，泊于山崖之下。不多时，风恬浪静，雨止云开，现出一轮明月。那雨后之月，其光倍常。伯牙在船舱中，独坐无聊，命童子焚香炉内："待我抚琴一操，以遣情怀。"童子焚香罢，捧琴囊置于案间。伯牙开囊取琴，调弦转轸[3]，弹出一曲。曲犹未终，指下"刮剌"的一声响，琴弦断了一根。伯牙大惊，叫童子去问船头："这住船所在是甚么去处？"船头答道："偶因风雨，停泊于山脚之下，虽然有些草树，并无人家。"伯牙惊讶，想道："是荒山了。若是城郭村庄，或有聪明好学之人，盗听吾琴，所以琴声忽变，有弦断之异。这荒山下，那得有听琴之人？哦，我知道了，想是有仇家差来刺客；不然，或是贼盗伺候更深，登舟劫我财物。"叫左右："与我上崖搜检一番。不在柳阴深处，定在芦苇丛中！"左右领命，唤齐众人，正欲搭跳上崖，忽听岸上有人答应道："舟中大人，不必见疑。小子并非奸盗之流，乃樵夫也。因打柴归晚，值骤雨狂风，雨具不能遮蔽，潜身岩畔。闻君雅操，少住听琴。"伯牙大笑道："山中打柴之人，也敢称'听琴'二字！此言未知真伪，我也不计较了。左右的，叫他去罢。"那人不去，在崖上高声说道："大人出言谬矣！岂不闻'十室之邑，必有忠信。''门内有君子，门外君子至。'大人若欺负山野中没有听琴之人，这夜静更深，荒崖下也不该有抚琴之客了。"

伯牙见他出言不俗，或者真是个听琴的，亦未可知。止住左右不要啰唣，走近舱门，回嗔作喜的问道："崖上那位君子，既是听琴，站立多时，可知道我适才所弹何曲？"那人道："小子若不知，却也不来听琴了。方才大人所弹，乃孔仲尼叹颜回，谱入琴声。其词云：'可惜颜回命蚤亡，教人思想鬓如霜。只因陋巷箪瓢乐……'到这一句，就绝了琴弦，不曾抚出第四句来，小子也还记得：'留得贤名万古扬。'"伯牙闻言大喜道："先生果非俗士，隔崖弯远，难以问答。"命左右："掌跳，看扶手，请那位先生登舟细讲。"左右掌跳，此人上船，果然是个樵夫：头戴箬笠[4]，身披蓑衣，手持尖担，腰插板斧，脚踏芒鞋。手下人那知言谈好歹，见是樵夫，下眼相看："咄！那樵夫下舱去，见我老爷叩头，问你甚言语，小心答应。官尊着哩！"樵夫却是个有意思的，道："列位不须粗鲁，待我解衣相见。"除了斗笠，头上是青布包巾；脱了蓑勇，身上是蓝布衫儿；搭膊拴腰，露出布裈下截。那时不慌不忙，将蓑衣、斗笠、尖担、板斧，俱安放舱门之外。脱下芒鞋，踢去泥水，重复穿上，步入舱来。官舱内公座上灯烛辉煌。樵夫长揖而不跪，道："大人施礼了。"俞伯牙是晋国大臣，眼界中那有两接的布衣。下来还礼，恐失了官体，既请下船，又不好叱他回去。伯牙没奈何，微微举手道："贤友免礼罢。"叫童子看坐的。童子取一张杌坐儿置于下席。伯牙全无客礼，把嘴向樵夫一努，道："你且坐了。"你我之称，怠慢可知。那樵夫亦不谦让，俨然坐下。

伯牙见他不告而坐，微有嗔怪[5]之意，因此不问姓名，亦不呼手下人看茶。默坐多时，怪而问之："适才崖上听琴的，就是你么？"樵夫答言："不敢。"伯牙道："我且问你，既来听琴，必知琴之出处。此琴何人所造？抚他有甚好处？"正问之时，船头来禀话："风色顺了，月明如昼，可以开船。"伯牙分付："且慢些！"樵夫道："承大人下问，小子若讲话絮烦，恐担误顺风行舟。"伯牙笑道："惟恐你不知琴理。若讲得有理，就不做官，亦非大事，何况行路之迟速乎！"樵夫道："既如此，小子方敢僭[6]谈。此琴乃伏羲氏所琢，见五星之精，飞坠梧桐，凤皇来仪。凤乃百鸟之王，非竹实不食，非梧桐不栖，非醴泉不饮。伏羲氏知梧桐乃树中之良材，夺造化之精气，堪为雅乐，令人伐之。其树高三丈三尺，按三十三天之数，截为三段，分天、地、人三才。取上一段叩之，其声太清，以其过轻而废之；取下一段叩之，其声太浊，以其过重而废之；取中一段叩之，其声清浊相济，轻重相兼。送长流水中，浸七十二日，按七十二候之数。取起阴干，选良时吉日，用高手匠人刘子奇斫成乐器。此乃瑶池之乐，故名瑶琴。长三尺六寸一分，按周天三百六十一度；前阔八寸，按八节；后阔四寸，按四时；厚二寸，按两仪。有金童头、玉女腰、仙人背、龙池、凤沼、玉轸、金徽。那徽有十二，按十二月；又有一中徽，按闰月。先是五条弦在上，外按五行：金、木、水、火、土；内按五音：宫、商、角、徵、羽。尧舜时操五弦琴，歌'南风'诗，天下大治。后因周文王被囚于羑里，吊子伯邑考，添弦一根，清幽哀怨，谓之文弦。后武王伐纣，前歌后舞，添弦一根，激烈发扬，谓之武弦。先是宫、商、角、徵、羽五弦，后加二弦，称为文武七弦琴。此琴有六忌、七不弹、八绝。何为六忌？一忌大寒，二忌大暑，三忌大风，四忌大雨，五忌迅雷，六忌大雪。何为七不弹？闻丧者不弹，奏乐不弹，事冗不弹，不净身不弹，衣冠不整不弹，不焚香不弹，不遇知音者不弹。何为八绝？总之，清奇幽雅，悲壮悠长。此琴抚到尽美尽善之处，啸虎闻而不吼，哀猿听而不啼。乃雅乐之好处也。"

伯牙听见他对答如流，犹恐是记问之学，又想道："就是记问之学，也亏他了。我再试他一试。"此时已不似在先你我之称了，又问道："足下既知乐理，当时孔仲尼鼓琴于室中，颜回自外入，闻琴中有幽沉之声，疑有贪杀之意，怪而问之。仲尼曰：'吾适鼓琴，见猫方捕鼠，欲其得之，又恐其失之。此贪杀之意，遂露于丝桐。'始知圣门音乐之理，入于微妙。假如下官抚琴，心中有所思念，足下能闻而知之否？"樵夫道："《毛诗》云：'他人有心，予忖度之。'大人试抚弄一过，小子任心猜度。若猜不着时，大人休得见罪。"伯牙将断弦重整，沉思半晌。其意在于高山，抚琴一弄。樵夫赞道："美哉洋洋乎，大人之意，在高山也！"伯牙不答。又凝神一会，将琴再鼓，其意在于流水。樵夫又赞道："美哉汤汤乎，志在流水！"只两句，道着了伯牙的心事。伯牙大惊，推琴而起，与子期施宾主之礼，连呼：“失敬！失敬！石中有美玉之藏，若以衣貌取人，岂不误了天下贤士！先生高名雅姓？”樵夫欠身而答：“小子姓钟，名徽，贱字子期。”伯牙拱手道：“是钟子期先生。”子期转问：“大人高姓？荣任何所？”伯牙道：“下官俞瑞，仕于晋朝，因修聘上国而来。”子期道：“原来是伯牙大人。”伯牙推子期坐于客位，自己主席相陪，命童子点茶。茶罢，又命童子取酒共酌。伯牙道：“借此攀话，休嫌简亵。”子期称：“不敢。”

童子取过瑶琴，二人入席饮酒。伯牙开言又问：“先生声口是楚人了，但不知尊居何处？”子期道：“离此不远，地名马安山集贤村，便是荒居。”伯牙点头道：“好个集贤村。”又问：“道艺何为？”子期道：“也就是打柴为生。”伯牙微笑道：“子期先生，下官也不该僭言。似先生这等抱负，何不求取功名，立身于廊庙，垂名于竹帛；却乃赍志林泉，混迹樵牧，与草木同朽？窃为先生不取也。”子期道：“实不相瞒，舍间上有年迈二亲，下无手足相辅，采樵度日，以尽父母之余年。虽位为三公之尊，不忍易我一日之养也。”伯牙道：“如此大孝，一发难得。”二人杯酒酬酢[7]了一会。

子期宠辱无惊，伯牙愈加爱重。又问子期：“青春多少？”子期道：“虚度二十有七。”伯牙道：“下官年长一旬。子期若不见弃，结为兄弟相称，不负知音契友。”子期笑道：“大人差矣！大人乃上国名公，钟徽乃穷乡贱子，怎敢仰扳，有辱俯就。”伯牙道：“相识满天下，知心能几人？下官碌碌风尘，得与高贤结契，实乃生平之万幸。若以富贵贫贱为嫌，觑俞瑞为何等人乎？”遂命童子重添炉火，再爇名香，就船舱中与子期顶礼八拜。伯牙年长为兄，子期为弟，今后兄弟相称，生死不负。拜罢，复命取暖酒再酌。子期让伯牙上坐，伯牙从其言。换了杯箸，子期下席，兄弟相称，彼此谈心叙话。正是：合意客来心不厌，知音人听话偏长。

谈论正浓，不觉月淡星稀，东方发白。船上水手都起身收拾篷索，整备开船。子期起身告辞，伯牙捧一杯酒递与子期，把子期之手，叹道：“贤弟，我与你相见何太迟，相别何太早！”子期闻言，不觉泪珠滴于杯中。子期一饮而尽，斟酒回敬伯牙。二人各有眷恋不舍之意。伯牙道：“愚兄余情不尽，意欲曲延贤弟同行数日，未知可否？”子期道：“小人非不欲相从，怎奈二亲年老，‘父母在，不远游。’”伯牙道：“既是二位尊人在堂，回去告过二亲，到晋阳来看愚兄一看，这就是‘游必有方’了。”子期道：“小弟不敢轻诺而寡信，许了贤兄，就当践约。万一禀命于二亲，二亲不允，使仁兄悬望于数千里之外，小弟之罪更大矣。”伯牙道：“贤弟真所谓至诚君子。也罢，明年还是我来看贤弟。”子期道：“仁兄明岁何时到此？小弟好伺候尊驾。”伯牙屈指道：“昨夜是中秋节，今日天明，是八月十六日了。贤弟，我来仍在仲秋中五六日奉访。若过了中旬，迟到季秋月分，就是爽信，不为君子。”叫童子：“分付记室将钟贤弟所居地名及相会的日期，登写在日记簿上。”子期道：“既如此，小弟来年仲秋中五六日，准在江边侍立拱候，不敢有误。天色已明，小弟告辞了。”伯牙道：“贤弟且住。”命童子取黄金二笏，不用封帖，双手捧定道：“贤弟，些须薄礼，权为二位尊人甘旨之费。斯文骨肉，勿得嫌轻。"子期不敢谦让，即时收下。再拜告别，含泪出舱，取尖担挑了蓑衣、斗笠，插板斧于腰间，掌跳搭扶手上崖。伯牙直送至船头，各各洒泪而别。

不题子期回家之事。再说俞伯牙点鼓开船，一路江山之胜，无心观览，心心念念，只想着知音之人。又行了几日，舍舟登岸。经过之地，知是晋国上大夫，不敢轻慢，安排车马相送。直至晋阳，回复了晋主，不在话下。

光阴迅速，过了秋冬，不觉春去夏来。伯牙心怀子期，无日忘之。想着中秋节近，奏过晋主，给假还乡。晋主依允。伯牙收拾行装，仍打大宽转，从水路而行。下船之后，分付水手，但是湾泊所在，就来通报地名。事有偶然，刚刚八月十五夜，水手禀复，此去马安山不远。伯牙依稀还认得去年泊船相会子期之处。分付水手，将船湾泊，水底抛锚，崖边钉橛[8]。其夜晴明，船舱内一线月光，射进朱帘。伯牙命童子将帘卷起，步出舱门，立于船头之上，仰观斗柄。水底天心，万顷茫然，照如白昼。思想去岁与知己相逢，雨止月明。今夜重来，又值良夜。他约定江边相候，如何全无踪影，莫非爽信？又等了一会，想道："我理会得了。江边来往船只颇多，我今日所驾的，不是去年之船了，吾弟急切如何认得？去岁我原为抚琴惊动知音。今夜仍将瑶琴抚弄一曲。吾弟闻之，必来相见。"命童子取琴卓安放船头，焚香设座。伯牙开囊，调弦转轸，才泛音律，商弦中有哀怨之声。伯牙停琴不操："呀！商弦哀声凄切，吾弟必遭忧在家。去岁曾言父母年高。若非父丧，必是母亡。他为人至孝，事有轻重，宁失信于我，不肯失信于亲，所以不来也。来日天明，我亲上崖探望。"叫童子收拾琴卓，下舱就寝。

伯牙一夜不睡，真个巴明不明，盼晓不晓。看看月移帘影，日出山头，伯牙起来梳洗整衣，命童子携琴相随，又取黄金十镒带去："傥吾弟居丧，可为赙礼。"蹅跳登崖，行于樵径，约莫十数里，出一谷口，伯牙站住。童子禀道："老爷为何不行？"伯牙道："山分南北，路列东西。从山谷出来，两头都是大路，都去得。知道那一路往集贤村去？等个识路之人，问明了他，方才可行。"伯牙就石上少憩，童儿退立于后。不多时，左手官路上有一老叟，髯垂玉线，发挽银丝，箬冠野服，左手举藤杖，右手携竹篮，徐步而来。伯牙起身整衣，向前施礼。那老者不慌不忙，将右手竹篮轻轻放下，双手举藤杖还礼，道："先生有何见教？"伯牙道："请问两头路，那一条路，往集贤村去的？"老者道："那两头路，就是两个集贤村。左手是上集贤村，右手是下集贤村，通衢三十里官道。先生从谷来，正当其半，东去十五里，西去也是十五里。不知先生要往那一个集贤村？"伯牙默默无言，暗想道："吾弟是个聪明人，怎么说话这等糊涂！相会之日，你知道此间有两个集贤村，或上或下，就该说个明白了。"伯牙却才沈吟，那老者道："先生这等吟想，一定那说路的，不曾分上下，总说了个集贤村，教先生没处抓寻了。"伯牙道："便是。"老者道："两个集贤村中，有一二十家庄户，大抵都是隐遁避世之辈。老夫在这山里，多住了几年，正是：'土居三十载，无有不亲人'。这些庄户，不是舍亲，就是敝友。先生到集贤村必是访友，只说先生所访之友，姓甚名谁，老夫就知他住处了。"伯牙道："学生要往钟家庄去。"老者闻"钟家庄"三字，一双昏花眼内，扑簌簌掉下泪来，道："先生别家可去，若说钟家庄，不必去了。"伯牙惊问："却是为何？"老者道："先生到钟家庄，要访何人？"伯牙道："要访子期。"老者闻言，放声大哭道："子期钟徽，乃吾儿也。去年八月十五采樵归晚，遇晋国上大夫俞伯牙先生。讲论之间，意气相投。临行赠黄金二笏，吾儿买书攻读，老拙无才，不曾禁止。旦则采樵负重，暮则诵读辛勤，心力耗废，染成怯疾，数月之间，已亡故了。"伯牙闻言，五内崩裂，泪如涌泉，大叫一声，傍山崖跌倒，昏绝于地。钟公用手挽扶，回顾小童道："此位先生是谁？"小童低低附耳道："就是俞伯牙老爷。"钟公道："元来是吾儿好友。"扶起伯牙苏醒。伯牙坐于地下，口吐痰涎，双手捶胸，恸哭不已，道："贤弟呵，我昨夜泊舟，还说你爽信，岂知已为泉下之鬼！你有才无寿了！"钟公拭泪相劝。伯牙哭罢起来，重与钟公施礼。不敢呼老丈，称为老伯，以见通家兄弟之意。伯牙道："老伯，令郎还是停枢在家，还是出瘗郊外了？"钟公道："一言难尽！亡儿临终，老夫与拙荆坐于卧榻之前。亡儿遗语嘱付道：'修短由天，儿生前不能尽人子事亲之道，死后乞葬于马安山江边。与晋大夫俞伯牙有约，欲践前言耳。'老夫不负亡儿临终之言。适才先生来的小路之右，一丘新土，即吾儿钟徽之冢。今日是百日之忌，老夫提一陌纸钱，往坟前烧化，何期与先生相遇！"伯牙道："既如此，奉陪老伯，坟前一拜。"命小童代太公提了竹篮。

钟公策杖引路，伯牙随后，小童跟定，复进谷口。果见一丘新土，在于路左。伯牙整衣下拜："贤弟在世为人聪明，死后为神灵应。愚兄此一拜，诚永别矣！"拜罢，放声又哭。惊动山前山后、山左山右黎民百姓，不问行的住的，远的近的，闻得朝中大臣来祭钟子期，回绕坟前，争先观看。伯牙却不曾摆得祭礼，无以为情，命童子把瑶琴取出囊来，放于祭石台上，盘膝坐于坟前，挥泪两行，抚琴一操。那些看者，闻琴韵铿锵，鼓掌大笑而散。伯牙问："老伯，下官抚琴，吊令郎贤弟，悲不能已，众人为何而笑？"钟公道："乡野之人，不知音律，闻琴声以为取乐之具，故此长笑。"伯牙道："原来如此。老伯可知所奏何曲？"钟公道："老夫幼年也颇习。如今年迈，五官半废，模糊不懂久矣。"伯牙道："这就是下官随心应手一曲短歌，以吊令郎者，口诵于老伯听之。"钟公道："老夫愿闻。"

伯牙诵云："忆昔去年春，江边曾会君。今日重来访，不见知音人。但见一抔土，惨然伤我心！伤心伤心复伤心，不忍泪珠纷。来欢去何苦，江畔起愁云。子期子期兮，你我千金义，历尽天涯无足语，此曲终兮不复弹，三尺瑶琴为君死！"

伯牙于衣夹间取出解手刀，割断琴弦，双手举琴，向祭石台上，用力一摔，摔得玉轸抛残，金徽零乱。钟公大惊，问道："先生为何摔碎此琴？"伯牙道："摔碎瑶琴凤尾寒，子期不在对谁弹！春风满面皆朋友，欲觅知音难上难。"钟公道："原来如此，可怜！可怜！"

伯牙道："老伯高居，端的在上集贤村，还是下集贤村？"钟公道："荒居在上集贤村第八家就是。先生如今又问他怎的？"伯牙道："下官伤感在心，不敢随老伯登堂了。随身带得有黄金二镒，一半代令郎甘旨之奉，一半买几亩祭田，为令郎春秋扫墓之费。待下官回本朝时，上表告归林下。那时却到上集贤村，迎接老伯与老伯母，同到寒家，以尽天年。吾即子期，子期即吾也，老伯勿以下官为外人相嫌。"说罢，命小僮取出黄金，亲手递与钟公，哭拜于地。钟公答拜，盘桓半晌而别。

这回书，题作《俞伯牙摔琴谢知音》。后人有诗赞云："势利交怀势利心，斯文谁复念知音！伯牙不作钟期逝，千古令人说破琴。"

【注释】

[1] 修聘：古代诸侯之间派遣使臣进行友好访问。

[2] 兰桡（náo）：小舟的美称。

[3] 轸（zhěn）：横木。

[4] 箬（ruò）笠：竹编的帽子。

[5] 嗔（chēn）怪：责怪，但语含亲近、疼爱之意。

[6] 僭（jiàn）谈：谦辞。越分妄谈。

[7] 酬酢（chóu zuò）：宾主互相敬酒。酬，向客人敬酒。酢，向主人敬酒。泛指交际应酬。

【阅读提示】

《俞伯牙摔琴谢知音》是冯梦龙的一部话本小说，这是一个有关知音的故事。原楚人俞伯牙从小爱好音乐，琴声优美，犹如高山流水一般，但曲高和寡，无人真正能懂。在由晋国出使楚国之时，偶遇樵夫柴钟子期，钟子期听懂了俞伯牙的音乐，并大加赞赏，叹其"峨峨兮若泰山""洋洋兮若江河"。伯牙非常感动，将之引为知音。这就是著名的"高山流水"的故事。可是不久钟子期死，俞伯牙认为世上已再无知音，摔琴谢子期，从此终身不再鼓琴。人们用此感叹知音难觅。

这个故事较早的时候见于《列子》和《吕氏春秋》，冯梦龙将它改成了一个通俗易懂的话本，富有感情，极为动人，在当时很受听客的喜欢。它也是中国古代话本代表作品之一。

【思考与探究】

1. 阅读全文，说说俞伯牙和钟子期是如何从相遇、相识、相知进而成为知音的？

2. 请分析俞伯牙为什么会摔琴谢知音。

3. 现代社会，我们如何看待知音。

话 本 小 说

话本，说话的底本，又叫"说话""词话"，原是说书人讲唱内容的底本，后发展成为一种文学形式，成为中国古典小说的一种。因为它流行于宋元时期，又称"宋元话本"。话本大多以白话进行创作，讲述现实生活中平凡人的爱情故事、英雄故事和公案故事，也有讲史的话本，但数量不多。这些话本大多故事性强，情节曲折，人物形象鲜明，语言活泼，既通俗易懂，又引人入胜。这样的作品在当时深受大家的欢迎，因而得以兴盛。它对后世白话小说的发展有着重要的影响。

伯牙与子期

伯牙，春秋战国时期楚国郢都（今湖北荆州）人，曾为晋国外交官。经考证，伯牙"姓俞名瑞，字伯牙"是明末小说家冯梦龙在小说中的杜撰，东汉高诱注曰："伯姓，牙名，或作雅"，现代《辞源》也注曰："伯姓牙名。"伯在古代是个很普通的姓。

子期，春秋楚国（今湖北武汉）人，山中樵夫。

二人，一人善鼓琴，一人善听琴。二人偶然相遇，便互为知音，因此有了"高山流水遇知音"的故事。后因子期去世，伯牙摔琴，"伯牙摔琴谢知音"的故事得以流传。

高 山 流 水

《高山流水》，中国十大古曲之一。此曲为古琴曲，唐代分为《高山》《流水》二曲。"高山流水"最先出自《列子·汤问》中伯牙和子期的故事。现成语"高山流水"比喻知己或知音，也比喻乐曲高妙。

第五课　祭十二郎文

【作者简介】

韩愈（768年—824年），唐代文学家。字退之，河南河阳（今河南孟州市）人。祖籍河北昌黎，世称韩昌黎。自幼勤勉好学，沉潜诗书。德宗贞元八年（792年）登进士第，任节度推官，其后任监察御史、阳山令等职，因上书论天旱人饥状，请减免赋税，贬阳山令，后因谏迎佛骨，贬潮州刺史。不久回朝，历国子祭酒、兵部侍郎、吏部侍郎、京兆尹等职，五十七岁终。思想上，韩愈崇奉儒学，力排佛老，同时宣扬天命论。在文学上，反对华而不实的形式主义文风，提出了文道合一、气盛言宜、务去陈言、文从字顺等散文的写作理论，并领导了唐代反骈文的"古文运动"。唐宋八大家之首，与柳宗元并称"韩柳"，著有《韩昌黎集》四十卷、《外集》十卷等。

【原文】

年、月、日[1]，季父愈闻汝丧之七日[2]，乃能衔哀致诚[3]，使建中远具时羞之奠，告汝十二郎之灵：

呜呼！吾少孤[4]，及长，不省所怙[5]，惟兄嫂是依。中年，兄殁南方[6]，吾与汝俱幼，从嫂归葬河阳[7]。既又与汝就食江南[8]，零丁孤苦，未尝一日相离也。吾上有三兄[9]，皆不幸早世。承先人后者[10]，在孙惟汝，在子惟吾，两世一身[11]，形单影只。嫂尝抚汝指吾而言曰："韩氏两世，惟此而已！"汝时尤小，当不复记忆；吾时虽能记忆，亦未知其言之悲也。

吾年十九，始来京城。其后四年，而归视汝[12]。又四年，吾往河阳省坟墓[13]，遇汝从嫂丧来葬[14]。又二年，吾佐董丞相于汴州[15]，汝来省吾，止一岁[16]，请归取其孥[17]。明年，丞相薨[18]，吾去汴州，汝不果来。是年，吾佐戎徐州[19]，使取汝者始行[20]，吾又罢去[21]，汝又不果来。吾念汝从于东[22]，东亦客也，不可以久；图久远者，莫如西归，将成家而致汝。呜呼！孰谓汝遽去吾而殁乎[23]！吾与汝俱少年，以为虽暂相别，终当久相与处，故舍汝而旅食京师，以求斗斛之禄[24]；诚知其如此，虽万乘之公相，吾不以一日辍汝而就也[25]！

去年，孟东野往[26]，吾书与汝曰："吾年未四十，而视茫茫，而发苍苍，而齿牙动摇。念诸父与诸兄，皆康强而早世，如吾之衰者，其能久存乎？吾不可去，汝不肯来；恐旦暮死，而汝抱无涯之戚也[27]。"孰谓少者殁而长者存，强者夭而病者全乎！

呜呼！其信然邪？其梦邪？其传之非其真邪？信也，吾兄之盛德而夭其嗣乎？汝之纯明而不克蒙其泽乎[28]？少者、强者而夭殁，长者、衰者而存全乎？未可以为信也。梦也，传之非其真也？东野之书，耿兰之报[29]，何为而在吾侧也？呜呼！其信然矣！吾兄之盛德而夭其嗣矣！汝之纯明宜业其家者[30]，不克蒙其泽矣！所谓天者诚难测，而神者诚难明矣！所谓理者不可推，而寿者不可知矣！虽然，吾自今年来，苍苍者或化而为白矣，动摇者或脱而落矣[31]，毛血日益衰[32]，志气日益微[33]，几何不从汝而死也。死而有知，其几何离[34]；其无知，悲不几时，而不悲者无穷期矣。

汝之子始十岁[35]，吾之子始五岁[36]，少而强者不可保，如此孩提者[37]，又可冀其成立邪？呜呼哀哉！呜呼哀哉！

汝去年书云："比得软脚病[38]，往往而剧。"吾曰："是疾也，江南之人，常常有之。"未始以为忧也。呜呼！其竟以此而殒其生乎？抑别有疾而至斯极乎？汝之书，六月十七日也。东野云：汝殁以六月二日；耿兰之报无月日。盖东野之使者，不知问家人以月日；如耿兰之报，不知当言月日；东野与吾书，乃问使者，使者妄称以应之乎。其然乎？其不然乎？

今吾使建中祭汝，吊汝之孤与汝之乳母[39]。彼有食，可守以待终丧[40]，则待终丧而取以来[41]；如不能守以终丧，则遂取以来；其余奴婢，并令守汝丧。吾力能改葬[42]，终葬汝于先人之兆[43]，然后惟其所愿[44]。

呜呼！汝病吾不知时，汝殁吾不知日，生不能相养于共居，殁不得抚汝以尽哀[45]，敛不凭其棺[46]，窆不临其穴[47]。吾行负神明而使汝夭，不孝不慈，而不能与汝相养以生，相守以死；一在天之涯，一在地之角，生而影不与吾形相依，死而魂不与吾梦相接，吾实为之，其又何尤[48]！彼苍者天[49]，曷其有极！自今已往，吾其无意于人世矣！当求数顷之田于伊颍之上[50]，以待余年，教吾子与汝子，幸其成[51]；长[52]吾女与汝女，待其嫁，如此而已！

呜呼，言有穷而情不可终，汝其知也邪？其不知也邪？呜呼哀哉！尚飨[53]！

【注释】

[1] 年、月、日：此为拟稿时原样。《文苑英华》作"贞元十九年五月廿六日"；但祭文中说十二郎在"六月十七日"曾写信给韩愈，"五"字当误。

[2] 季父：父辈中排行最小的叔父。

[3] 衔哀：心中含着悲哀。致诚：表达赤诚的心意。

[4] 孤：幼年丧父称"孤"。《新唐书·韩愈传》："愈生三死而孤，随伯兄会贬官岭表。"

[5] 怙（hù）："怙"代父，"恃"代母。失父曰失怙，失母曰失恃。

[6] 中年，兄殁南方：代宗大历十二年（777 年），韩会由起居舍人贬为韶州（今广东韶关）刺史，次年死于任所，年四十三。时韩愈十一岁，随兄在韶州。

[7] 河阳：今河南孟州市西，是韩氏祖宗坟墓所在地。

[8] 就食江南：唐德宗建中四年（783 年），北方藩镇李希烈反叛，中原局势动荡。韩愈随嫂迁家避居宣州（今安徽宣城），因韩氏在宣州置有田宅别业。

[9] 吾上有三兄："三兄"指韩会、韩介，以及一位死时尚幼未及命名之兄。一说"吾"指我们，即韩愈和十二郎。"三兄"指自己的两个哥哥和十二郎的哥哥韩百川（韩介的长子）。

[10] 先人：指已去世的父亲韩仲卿。

[11] 两世一身：子辈和孙辈均只剩一个男丁。

[12] 视：古时探亲，上对下曰视，下对上曰省。

[13] 省（xǐng）：探望，此引申为凭吊。

[14] 遇汝从嫂丧来葬：韩愈嫂子郑氏卒于元贞元九年（793 年），韩愈有《祭郑夫人文》。贞元十一年（795 年），韩愈往河阳祖坟扫墓，与奉其母郑氏灵柩来河阳安葬的十二郎相遇。

[15] 董丞相：指董晋。贞元十二年（796 年），董晋以检校尚书左仆射，同中书门下平章事任宣武军节度使，汴、宋、亳、颍等州观察使。时韩愈在董晋幕中任节度推官。

[16] 止：住。

[17] 取其孥（nú）：把家眷接来。孥，妻和子的统称。

[18] 薨（hōng）：古时诸侯或二品以上大官死曰薨。

[19] 佐戎徐州：当年秋，韩愈入徐、泗、濠节度使张建封幕任节度推官，节度使府在徐州。佐戎，辅助军务。

[20] 取：迎接。

[21] 罢去：贞元十六年（800 年）五月，张建封卒，韩愈离开徐州赴洛阳。

[22] 东：指故乡河阳之东的汴州和徐州。

[23] 孰谓：谁料到。遽（jù）：骤然。

[24] 斗斛（hú）：唐时十斗为一斛。斗斛之禄，指微薄的俸禄。

[25] 辍（chuò），停止。辍汝，和上句"舍汝"义同。就：就职。

[26] 去年：指贞元十八年（802 年）。孟东野：即韩愈的诗友孟郊。是年出任溧阳（今属江苏）尉，溧阳去宣州不远，故韩愈托他捎信给宣州的十二郎。

[27] 无涯之戚：无穷的悲伤。涯，边。戚，忧伤。

[28] 纯明：纯正贤明。不克：不能。蒙：承受。

[29] 耿兰：生平不详，当时宣州韩氏别业的管家人。十二郎死后，孟郊在溧阳写信告诉韩愈，时耿兰也有丧报。

[30] 业：用如动词，继承之意。

［31］动摇者或脱而落矣：时年韩愈有《落齿》诗云："去年落一牙，今年落一齿。俄然落六七，落势殊未已。"

［32］毛血：指体质。

［33］志气：指精神。

［34］其几何离：分离会有多久呢？意谓死后仍可相会。

［35］汝之子：十二郎有二子，长韩湘，次韩滂。韩滂出嗣十二郎的哥哥韩百川为子，见韩愈《韩滂墓志铭》。始十岁：当指长子韩湘。十岁，一本作"一岁"，则当指韩滂，滂生于贞元十八年（802年）。

［36］吾之子始五岁：指韩愈长子韩昶，贞元十五年（799年）韩愈居符离集时所生，小名曰符。

［37］孩提：本指二三岁的幼儿。此为年纪尚小之意。

［38］比（bì）：近来。软脚病：指脚气病。

［39］吊：此指慰问。孤：指十二郎的儿子。

［40］终丧：守满三年丧期。《孟子·滕文公上》："三年之丧，……自天子达于庶人，三代共之。"

［41］取以来：指把十二郎的儿子和乳母接来。

［42］力能改葬：假设之意。即先暂时就地埋葬。合下句连续可知。

［43］兆：葬域，墓地。

［44］惟其所愿：才算了却心事。

［45］抚汝以尽哀：指抚尸恸哭。

［46］敛：同"殓"。为死者更衣称"小殓"，尸体入棺材称"大殓"。

［47］窆（biǎn）：下棺入土。

［48］何尤：怨恨谁。

［49］彼苍者天，曷其有极：青苍的上天啊，我的痛苦哪有尽头啊。语本《诗经·唐风·鸨羽》："悠悠苍天，曷其有极。"

［50］伊、颍（yǐng）：伊水和颍水，均在今河南省境。此指故乡。

［51］幸其成：韩昶后中穆宗长庆四年（824年）进士。韩湘后中长庆三年（823年）进士。

［52］长（zhǎng）：用如动词，养育之意。

［53］尚飨：古代祭文结语用词，意为希望死者享用祭品。尚，庶几，表示希望。

【阅读与提示】

韩愈与十二郎，在家庭连遭不幸的情况下一起度过了苦难的童年，又因为家族的、亲情的和年龄上的关系，韩愈与十二郎虽名为叔侄，却情同手足。正当人生壮年，陡闻其噩耗，不禁悲痛欲绝，写下这篇祭文。

本祭文一反传统祭文的固定模式，未有意精心结撰，但过接转换自然，无造作之迹，将情将事如实叙写，记家常琐事，以向死者诉说的口吻，联系自身家庭、身世，哀叹家族的凋落，己身的未老先衰，死者的早天；疑天理疑神明，疑生死之数，乃至疑后嗣之成立，"字字是血，字字是泪"，极写内心的辛酸悲痛，在反复抒写对亡侄的无限哀痛之情的同时，饱含着自己凄楚的宦海沉浮的人生感慨，成为"祭文中千年绝调"（明代茅坤语）。

【思考与探究】

1. 请谈谈祭文开头一节叙写身世、家世的不幸在文中的作用。

2. 请说说文章细叙"二人三会三别，终因谋官求禄，行踪漂泊无定，不得会合而成永别"有什么作用。

3. 文章写少者、强者殁而长者、病者存，写十二郎之死全出意料，作者是怎样表达对十二郎之死的悲痛的？

【相关资料链接】

祭　文

祭文，文体名。祭祀或祭奠时表示哀悼或祷祝的文章。体裁有韵文和散文两种。内容主要为哀悼、祷祝、追念死者生前主要经历，颂扬他的品德业绩，寄托哀思，激励生者。同时，祭文也是为祭奠死者而写的哀悼文章，是供祭祀时诵读。它是由古时祝文演变而来，有散文、韵语、俪语。而韵语之中，又有四言、六言、杂言、骚体、俪体之不同。

祭文出现于汉代。古时的祭文在内容上可分四类，哀悼死者，祈求降福，驱除邪魔，祈祷降雨，而多用于哀悼死者。因为祭文是哀悼死者的文辞且颂读给死者后人听，所以大多感情真挚、风格质朴，内容以表彰死者功德为主，语言通俗易懂。旧时写得好的祭文，感情色彩比较浓厚，多为亡亲亡友而作的追记、生平，称颂死者，念起来如哭如泣，如咽如诉。如袁枚的《祭妹文》。

韩愈与十二郎

郎，唐代口语，对年轻男子的称呼，又称"郎子"。十二郎，名老成，韩愈的侄子。因长兄韩会无子，次兄韩介有子韩圭成，在族中同辈排行十二，故称"十二郎"。按封建社会的规矩，十二郎过继给韩会为子。韩愈一生经历坎坷，3岁丧父，后母亲去世，10岁时随兄韩会贬官到广东潮州，11岁时其兄去世，随嫂郑氏辗转迁居宣城。韩愈仅年长侄子十二郎两岁，二人自幼相守，历经患难，"零丁孤苦，未尝一日相离"，感情深厚，虽为叔侄，却情同手足。成年后，韩愈仕途不顺，二十五岁方登进士第，后做官又触犯权贵，触怒唐宪宗，多次遭贬，因四处漂泊很少与十二郎见面。后唐穆宗继位，韩愈官运好转，叔侄二人能够相聚之时，突然传来十二郎病亡的噩耗，使韩愈悲痛欲绝，也勾起他辛酸的回忆，于是写下这篇祭文。

第六单元

诗意栖居　品味经典

导读：

　　德国浪漫主义诗人荷尔德林在他的诗歌里写到"人，诗意地栖居在大地上"，而满怀浪漫之情的哲学家海德格尔在他贫病交加、居无定所之时，还在进行哲学的思考，他说"人诗意地栖居"。那么，什么是"诗意"呢？我们认为，赏尽人间美景是诗意，体会人间真情是诗意，聆听天下名曲是诗意，遍读天下诗书、品味经典名作更是诗意。

　　本单元，我们将从《诗经·击鼓》里听到一个参加战争的士兵的爱情绝唱及对战争的幽怨；从《兵车行》里读到诗人杜甫对穷兵黩武的统治者的强烈批判。接下来就让我们在阅读中品味经典，感悟诗意人生，安顿你我早已疲惫的灵魂吧！

第一课 《诗经》二首

【作品简介】

《诗经》，我国第一部诗歌总集，原名《诗》。它汇集了从西周初年到春秋中期五百多年间的诗歌三百零五篇，故又称"诗三百"。汉朝起儒家将其奉为经典，因此称为《诗经》。

《诗经》的编辑成书大约在春秋后期，有"王者采诗"的说法，据说孔子曾经删订《诗》。到汉代，传授《诗经》的有四家，现在得以流传的是鲁国毛亨所传的《毛诗》。

《诗经》分《风》《雅》《颂》三部分，内容丰富，反映了古代劳动人民的劳动与爱情、战争与徭役、压迫与反抗、风俗与婚姻、祭祖与宴会，甚至天象、地貌、动物、植物等方方面面，是周代社会生活的一面镜子，奠定了中国诗歌的现实主义的优良传统，在中国文学史上有着崇高的地位，对我国后世文学也有着深远的影响。

【原文】

击 鼓

击鼓其镗[1]，踊跃用兵[2]。
土国[3] 城漕，我独南行。
从孙子仲[4]，平[5] 陈与宋。
不我以归，忧心有忡。
爰居爰处[6]，爰丧其马。
于以求之，于林之下。
死生契阔[7]，与子成说[8]。
执子之手，与子偕老。
于嗟阔[9] 兮，不我活兮。
于嗟洵[10] 兮，不我信兮。

[1] 镗：击鼓的声音。

[2] 兵：刀枪等武器。

[3] 土国：国中挑填混土的工作。

[4] 孙子仲：人名，统兵的主帅。

[5] 平：和好。

[6] 爰：语气助同，没有实义。

[7] 契阔：离散聚合。

[8] 成说：预先约定的话。

[9] 于嗟：感叹词。阔：远离。

[10] 洵：远。

【阅读提示】

　　该诗以第一人称的口吻，通过一个普通士兵的视角，描写兵士久戍不得回家的心情，表达渴望归家与亲人团聚的强烈愿望。诗从出征南行的幽怨写起，再写踏上征程的忧心忡忡，以及久战难归的痛苦，又写了当初与亲人执手别离相约的回忆，一直到最后发出强烈的控诉，次第写来，脉络分明，而情感依次递进。叙事中推进着情感的表达，抒情中又紧连着情节的发展，相得益彰，而又自然天成。总的来说，诗人以袒露自身与主流意识的背离，来宣泄自己对战争的抵触情绪，表达了古代劳动人民对战争的厌倦和对和平生活的向往，是一首典型的战争诗。

【原文】

黍　离

彼黍离离[1]，彼稷之苗[2]。

行迈靡靡[3]，中心摇摇[4]。

知我者谓我心忧，

不知我者谓我何求。

悠悠[5] 苍天！此何人哉？

彼黍离离，彼稷之穗。

行迈靡靡，中心如醉。

知我者谓我心忧，

不知我者谓我何求。

悠悠苍天！此何人哉？

彼黍离离，彼稷之实[6]。

行迈靡靡，中心如噎[7]。

知我者谓我心忧，

不知我者谓我何求。

悠悠苍天！此何人哉？

【注释】

[1] 离离：成排成行的样子。

[2] 黍、稷：两种农作物，黄米（俗称小米）、高粱。

[3] 靡靡：步行缓慢的样子。

[4] 中心摇摇：心中难过，恍惚不安。

[5] 悠悠：深远的样子。

[6] 实：结成果实。

[7] 噎：阻塞，不能畅通。

【阅读提示】

《黍离》描写一行行茂密的黍稷田间，一个人踽踽独行，不知他何来？不知他何往？只不时仰望着高远的苍天，似乎有无数的郁闷想要述说。可是，始终没有听见他说出来，他究竟是谁？读者要问，连诗人自己也在问"彼何人哉？"有人说他是周朝大夫，有人说他是旧家贵族，还有人说是爱国志士，或者流浪者，可谁也说不清楚。看他只在其中彷徨，看过了黍稷的苗的初生、花的结穗、实的成熟，却没有喜悦，只有忧伤。缓慢的步伐，舒缓的节奏，是诗人在慢慢地回忆，也让读者慢慢地思考。

【思考与探究】

1. 理解掌握《击鼓》如何表现思想感情。

2. 通读全诗，分析《击鼓》的主题。

3. 理解《黍离》"黍离之悲"思想内涵，培养忧国忧民的人文情怀。

《诗经》的历史评价

孔子:"诗三百,一言以蔽之,思无邪。""不学诗,无以言。"

孟子:"颂其诗,读其书,不知其人可乎?是以论其世也。"

荀子:"始乎诵经,终乎读礼"。

司马迁:"《礼》以节人,《乐》以发和,《书》以道事,《诗》以达意,《易》以道化,《春秋》以道义。拨乱世反之正,莫近于《春秋》。"

董仲舒:"所闻'《诗》无达诂,《易》无达占,《春秋》无达辞。从变从义,而一以奉人。'"

何休:"男女有所怨恨,相从而歌,饥者歌其食,劳者歌其事。"

《诗经》中的社会习俗:弄璋弄瓦

婴儿降生,民间俗称"添喜"。古代祝贺别人家生孩子时,如果生的是男孩,要送"璋";如果生的是女孩,要送"瓦",即恭贺"弄璋弄瓦"之喜。此习俗在《诗经·小雅·斯干》中有明确的记载:乃生男子,载寝之床。载衣之裳,载弄之璋。其泣喤喤,朱芾斯皇,室家君王。乃生女子,载寝之地。载衣之裼,载弄之瓦。无非无仪,唯酒食是议,无父母诒罹。

《周礼》中记载,"璋"是帝王、诸侯举行隆重祭祀仪式时所使用的玉制礼器,形状是长形而半尖类,似刻刀。汉朝以后,璋就演变成笏,也称为"手板",朝臣上朝时专用。所以璋是一种身份和地位的象征,送男婴以玉璋,是恭贺他将来飞黄腾达、光宗耀祖。后来,人们祝贺人家生男孩,即称"弄璋之喜"。

"瓦",非建筑瓦片,指古代织布机上的一种零件,即纺锤。送女孩以瓦,是希望她将来勤俭持家,辅佐夫君,做一个贤妻良母。后来,祝贺人家生女孩,就称"弄瓦之喜"。

第二课　兵　车　行[1]

【作者简介】

　　杜甫（712 年—770 年），字子美，自号少陵野老，世称杜少陵、杜工部。著名诗人杜审言之孙，出生于河南巩县（今河南省巩义市），祖籍襄阳（今湖北省襄阳市）。唐代伟大的现实主义诗人，与李白并称"大李杜"。少时，因家庭环境优越，生活较为安定富足。天宝中到长安，仕进无门，困顿了十年，才获得右卫率府胄曹参军的小职。安史之乱开始，他流亡颠沛，为叛军所俘，脱险后任左拾遗，后弃官西行，入蜀定居成都，一度在剑南节度使严武幕中任检校工部员外郎，故又有杜拾遗、杜工部之称。晚年举家东迁，途中留滞夔州二年，出三峡，漂泊鄂、湘一带，贫病而卒。

　　他忧国忧民，人格高尚，一生写诗 1400 多首，诗艺精湛，他的诗自唐以来，即被公认为"诗史"。有《杜工部集》传世。代表作为"三吏"（《新安吏》《石壕吏》《潼关吏》）和"三别"（《新婚别》《垂老别》《无家别》）。

【原文】

车辚辚[2]，马萧萧[3]，行人[4] 弓箭各在腰。

耶娘妻子[5] 走相送，尘埃不见咸阳桥[6]。

牵衣顿足拦道哭，哭声直上干[7] 云霄。

道旁过者[8] 问行人，行人但云点行频[9]。

或从十五北防河[10]，便至四十西营田[11]。

去时里正与裹头[12]，归来头白还戍边[13]。

边庭流血成海水[14]，武皇开边意未已[15]。

君不闻，汉家山东二百州[16]，千村万落生荆杞[17]。

纵有健妇把锄犁，禾生陇亩无东西[18]。

况复秦兵耐苦战[19]，被驱不异犬与鸡。

长者[20] 虽有问，役夫敢申恨[21]？

且如今年冬，未休关西卒[22]。

县官[23] 急索租，租税从何出？

信知^[24]生男恶，反是生女好。

生女犹得嫁比邻^[25]，生男埋没随百草。

君不见，青海头^[26]，古来白骨无人收。

新鬼烦冤^[27]旧鬼哭，天阴雨湿声啾啾^[28]。

【注释】

[1] 行：本是乐府民歌中的一种体裁。兵车行：杜甫自创的乐府新题。

[2] 辚（lín）辚：车行走时的声音。

[3] 萧萧：马鸣声。

[4] 行人：从军出征的人。

[5] 耶娘妻子：父亲、母亲、妻子、儿女的并称。从军的人既有十几岁的少年，也有四十多岁的成年人，所以送行的人有出征者的父母，也有出征者的妻子和孩子。耶，同"爷"，父亲。

[6] 咸阳桥：又叫"便桥"，汉武帝时建，唐代称"咸阳桥"，后来称"渭桥"，在咸阳城西渭水上，是长安西行必经的大桥。

[7] 干（gān）：冲。

[8] 过者：路过的人。这里指诗人自己。

[9] 点行频：点名征兵频繁。点行，按户籍名册强征服役。

[10] 或从十五北防河：有的人从十五岁就从军到西北去防河。唐玄宗时，吐蕃常于秋季入侵，抢掠百姓的收获。为抵御侵扰，唐王朝每年征调大批兵力驻扎河西（今甘肃河西走廊）一带，叫"防秋"或"防河"。

[11] 营田：屯田。戍守边疆的士卒，不打仗时须种地以自给，称为"营田"。

[12] 里正与裹头：里正，唐制凡百户为一里，置里正一人管理。与裹头，给他裹头巾。新兵入伍时须着装整齐，因年纪小，自己还裹不好头巾，所以里正帮他裹头。

[13] 戍边：守卫边疆。

[14] 边庭流血成海水：边庭，即边疆。流血成海水，形容战死者之多。

[15] 武皇开边意未已：武皇扩张领土的意图仍没有停止。武皇，汉武帝，这里借指唐玄宗。唐诗中借武皇代指玄宗。开边，用武力扩张领土。

[16] 汉家山东二百州：汉朝秦地以东的 200 个州。汉家，汉朝，这里借指唐朝。山东，古代秦居西方，秦地以东（或函谷关以东）统称"山东"。唐代函谷关以东共 217 个州，这里说"二百州"是举其整数。

[17] 千村万落生荆杞：成千上万的村落灌木丛生。这里形容村落的荒芜。荆杞，荆棘和枸杞，泛指野生灌木。

[18] 禾生陇亩无东西：庄稼长在田地里不成行列。陇亩，田地。陇，同"垄"。无东西，不成行列。

[19] 况复秦兵耐苦战：更何况关中兵能经受艰苦的战斗。况复，更何况。秦兵，关中兵，即这次出征的士兵。

[20] 长者：对老年人的尊称。这里是说话者对杜甫的称呼。

[21] 役夫敢申恨：我怎么敢申诉怨恨呢？役夫，应政府兵役的人，这里是说话者的自称之词。敢，副词，用于反问，这里是"岂敢"的意思。申恨，诉说怨恨。

[22] 关西卒：函谷关以西的士兵，即秦兵。

[23] 县官：这里指官府。

[24] 信知：确实知道。

[25] 犹得嫁比邻：还能够嫁给同乡。得，能够。比邻，同乡。

[26] 青海头：指今青海省青海湖边。唐和吐蕃的战争，经常在青海湖附近发生。

[27] 烦冤：不满、愤懑。

[28] 啾（jiū）啾：象声词，形容凄厉的叫声。

【阅读提示】

这首诗大概作于唐玄宗天宝十年（751 年）。天宝年间，唐玄宗实行开边政策，与吐蕃长期战争，连年的战争给广大中原地区的人民带来了巨大灾难。本诗旨在讽刺统治者的穷兵黩武给人民带来巨大的灾难，充满非战色彩。

本诗从叙述的角度来看，以"道旁过者"为界可分为前、后两个部分，前部分叙事，后部分记言。诗歌的开篇写征夫出行，父母妻儿痛苦告别。这是叙事。这种颇有生离死别之意的送别场面，是下面记言部分的铺垫。记言部分则是借"行人"之口和"道旁过者"的叙述写官兵的逼租和连年战争带给人们的触目惊心的灾难。这一部分的记言是叙事部分的深化，更以"君不见"几句直陈主题。

诗歌不仅寓情于叙事之中，既叙事又记言，结构尤为严谨，前后呼应，通过语义上的层层推进来表达主题。诗歌前半部分写咸阳桥边的冲天哭声为始，文末鬼哭为终，前后呼应，使全诗笼罩在一片悲剧气氛之中。全诗的叙述井井有条，又曲折多变，是新乐府诗的典范。这首诗也为历代所推崇，是杜诗中的名篇。

【思考与探究】

1. 阅读诗歌，试分析诗歌的主题。

2. "耶娘妻子走相送"和"牵衣顿足拦道哭"这两句在用词用句上有什么特点？表现了诗人怎样的思想感情？

3. 试分析本诗的艺术表现方法，并说明其作用。

歌 行 体

　　"歌行",我国古代诗歌的一种体裁,初唐时期由汉魏六朝乐府诗改编而来,由南朝宋鲍照创造,亦称"古诗""古风"。"行",乐曲的意思(《辞海》);"歌"与"行"名称不同,无严格的区别。后来,"歌""行"一体,成为一种诗歌体裁,篇幅长短不一,格律比较自由,平仄不拘,可以换韵;句式比较灵活,一般是七言,又兼有杂言。

　　以"歌"命名的诗作有白居易的《长恨歌》、岑参的《白雪歌送武判官归京》、杜甫的《茅屋为秋风所破歌》等。

　　以"行"命名的诗作有白居易的《琵琶行》、杜甫的《兵车行》等。

　　以"歌行"命名的诗作有高适的《燕歌行》等。

第六单元　诗意栖居　品味经典

第三课　春江花月夜

【作者简介】

张若虚，生卒年、字号均不详，唐代诗人，扬州人。曾任兖州兵曹，事迹略见于《旧唐书·贺知章传》。唐中宗时，与贺知章、贺朝等以文辞俊秀驰名于京都，与贺知章、张旭、包融并称"吴中四士"。张若虚的诗仅存二首——《春江花月夜》和《代答闺梦还》于《全唐诗》中，其中《春江花月夜》是一篇脍炙人口的名作，该诗描写细腻，音节和谐，颇受六朝诗风影响，流露出人生无常之感。后世包括词、曲在内的多种文学形式都可能受到该诗在音韵、场景描写等方面创意影响，从而也奠定了张若虚在中国文学史上的地位。

【原文】

春江潮水连海平，海上明月共潮生。
滟滟[1] 随波千万里，何处春江无月明。
江流宛转绕芳甸[2]，月照花林皆似霰[3]。
空里流霜[4] 不觉飞，汀[5] 上白沙看不见。
江天一色无纤尘[6]，皎皎空中孤月轮[7]。
江畔何人初见月？江月何年初照人？
人生代代无穷已[8]，江月年年望相似[9]。
不知江月待何人，但见[10] 长江送流水。
白云一片去悠悠[11]，青枫浦上[12] 不胜愁。
谁家今夜扁舟[13] 子？何处相思明月楼[14]？
可怜楼上月裴回[15]，应照离人妆镜台[16]。
玉户[17] 帘中卷不去，捣衣砧[18] 上拂还来。
此时相望不相闻[19]，愿逐[20] 月华流照君。
鸿雁长飞光不度，鱼龙潜跃水成文[21]。
昨夜闲潭[22] 梦落花，可怜春半不还家。

江水流春去欲尽，江潭落月复西斜[23]。

斜月沉沉藏海雾，碣石潇湘[24] 无限路。

不知乘月[25] 几人归，落月摇情[26] 满江树。

【注释】

[1] 滟（yàn）滟：波光闪动的光彩。

[2] 芳甸（diàn）：遍生花草的原野。

[3] 霰（xiàn）：天空中降落的白色不透明的小冰粒。

[4] 流霜：飞霜，古人以为霜和雪一样，是从空中落下来的，所以叫"流霜"，在这里比喻月光皎洁。月色朦胧、流荡，所以不觉得有霜霰飞扬。

[5] 汀（tīng）：水边的平地。

[6] 纤尘：微细的灰尘。

[7] 月轮：指月亮，因为月圆时像车轮，所以称为"月轮"。

[8] 穷已：穷尽。

[9] 江月年年望相似：另有版本为"江月年年只相似"。

[10] 但见：只见、仅见。

[11] 悠悠：渺茫、深远。

[12] 青枫浦上：青枫浦，地名，这里泛指游子所在的地方。浦上，指水边。

[13] 扁舟：孤舟，小船。

[14] 明月楼：月夜下的闺楼，这里指闺中思妇。

[15] 月裴回：裴回同"徘徊"，指月光移动。

[16] 离人：此处指思妇。妆镜台：梳妆台。

[17] 玉户：形容楼阁华丽，以玉石镶嵌。

[18] 捣衣砧（zhēn）：捣衣石、捶布石。

[19] 相闻：互通音信。

[20] 逐：追随。

[21] 文：同"纹"。

[22] 闲潭：幽静的水潭。

[23] 复西斜：此中"斜"应为押韵，读作"xiá"。

[24] 碣石潇湘：泛指天南地北。

[25] 乘月：趁着月光。

[26] 摇情：激荡情思，犹言牵情。

【阅读提示】

本诗被闻一多先生誉为"诗中的诗，顶峰上的顶峰"（《宫体诗的自赎》）。作者抓住世界上最动人的五种事物：春、江、花、月、夜，写景抒情，千百年来使无数读者为之倾倒。

诗歌以月开篇，以月作结，在天上到地下这样寥廓的空间之内，把从明月、江流、青枫、白云到水纹、落花、海雾等众多的景物，与客子、思妇的种种细腻感情，通过环环紧扣、连绵不断的结构方式组织起来，创造出一种柔和静谧的诗境，也抒发出诗人绵邈深挚的情感，情中有景，景中亦有情，情与景相生相融，和谐统一。

全诗感情旋律悲慨激荡，但并不哀伤，而是含蓄、隽永；韵律扬抑回旋，全诗共三十六句，四句一换韵，共换九韵。全诗随着韵脚的转换变化，平仄的交错运用，一唱三叹，前呼后应，既回环反复，又层出不穷，音乐节奏感强烈而优美。这种语音与韵味的变化，又切合着诗情的起伏，声情与文情丝丝入扣，婉转谐美，成就了一生仅留下两首诗的张若虚"孤篇横绝，竟为大家"之美誉。

【思考与探究】

1. 本诗有情有景、亦情亦景、情景交织，试分析本诗是如何将情与景相结合，描摹出一幅幽美而邈远的春江月夜图的。

2. 试分析本诗的艺术特色。

【相关资料链接】

宫　体　诗

宫体诗是南朝梁、陈时期出现的一种新诗体，"宫"即太子东宫。"宫体"之称，始于梁简文帝时，指萧纲及其周围文士所写的诗歌，全称应为"东宫新体诗"，代表作家有萧纲、徐陵父子、庾信父子、陈后主、江总等人。

萧纲为太子时，围绕着他形成一个以东宫僚属为主要成员而影响颇为广泛的文学集团，他们的一部分诗歌，专写男女之情（包括传统的闺怨题材），以及女子的容貌、举止、情态乃至生活环境、所使用的器物等，形成显著特征，即被称为"宫体诗"。

这类诗歌共同的艺术特点，是注重辞藻、对偶与声律，因而在情调上伤于轻艳，风格上比较柔靡缓弱。此外，咏物之作在宫体诗中所占的比重相当大，这些诗的共同特点是内容贫乏，单纯咏物而毫无寄托，只讲究辞藻与对偶，如萧纲的《咏云诗》《咏藤诗》等。

宫体诗语言的风华流丽、对仗的工稳精巧以及用典隶事等方面的艺术探索和积累，为唐代诗人提供了可资借鉴的艺术经验。

吴 中 四 士

　　"吴中四士"是指张若虚、贺知章、张旭和包融四位文人。在初唐、盛唐之交，四人齐名，他们又都是江浙一带人，这一带在古代也叫"吴中"，因此，人们称他们为"吴中四士"。

　　四人中，贺知章、张若虚是当时著名的诗人，张旭是书法家，也是诗人，包融所传诗不多。四人性格狂放，诗多具有浪漫主义色彩，往往透露出一些新的气息、新的情趣，体现了唐诗从初唐到盛唐过渡的特点。

第四课　长　恨　歌[1]

【作者简介】

白居易（772年—846年），字乐天，晚年自号香山居士，后人称白香山、白傅、白太傅，原籍太原，后迁居下邽（今陕西渭南），唐代杰出诗人和文学家。他的诗歌题材广泛，形式多样，语言平易通俗。唐德宗贞元十六年（800年）进士及第，由校书郎累官至左拾遗。在此期间，他关心朝政，屡屡上书言事，并写了不少讽喻诗，要求革除弊政，因而遭权贵忌恨，被贬为江州司马。此后他历任忠州、杭州、苏州等地刺史，官终刑部尚书。

白居易主张"文章合为时而著，歌诗合为事而作"（《与元九书》）。他与元稹一起，倡导旨在揭露时弊的"新乐府运动"，写了《秦中吟》十首、《新乐府》五十首等，对当时社会的黑暗现实作了深刻批判。在艺术上，白居易诗以平易晓畅著称，在当时流传很广。著有《白氏长庆集》，现存诗近三千首，数量之多，为唐人之冠。代表诗作有《长恨歌》《卖炭翁》《琵琶行》等。

【原文】

汉皇重色思倾国[2]，御宇多年求不得。
杨家有女初长成，养在深闺人未识。
天生丽质难自弃，一朝选在君王侧[3]。
回眸一笑百媚生，六宫粉黛无颜色[4]。
春寒赐浴华清池[5]，温泉水滑洗凝脂[6]。
侍儿[7] 扶起娇无力，始是新承恩泽[8] 时。
云鬓花颜金步摇[9]，芙蓉帐[10] 暖度春宵。
春宵苦短日高起，从此君王不早朝。
承欢侍宴无闲暇，春从春游夜专夜。
后宫佳丽三千人，三千宠爱在一身。
金屋[11] 妆成娇侍夜，玉楼宴罢醉和春。
姊妹弟兄皆列土[12]，可怜[13] 光彩生门户。
遂令天下父母心，不重生男重生女[14]。
骊宫[15] 高处入青云，仙乐风飘处处闻。

缓歌慢舞凝丝竹[16]，尽日君王看不足。

渔阳鼙鼓[17] 动地来，惊破霓裳羽衣曲[18]。

九重城阙烟尘生[19]，千乘万骑西南行[20]。

翠华摇摇行复止，西出都门百余里。

六军不发无奈何，宛转蛾眉马前死[21]。

花钿委地[22] 无人收，翠翘金雀玉搔头[23]。

君王掩面救不得，回看血泪相和流。

黄埃散漫风萧索，云栈萦纡登剑阁[24]。

峨嵋山[25] 下少人行，旌旗无光日色薄。

蜀江水碧蜀山青，圣主朝朝暮暮情。

行宫[26] 见月伤心色，夜雨闻铃肠断声[27]。

天旋地转回龙驭[28]，到此踌躇不能去。

马嵬坡下泥土中，不见玉颜空死处[29]。

君臣相顾尽沾衣，东望都门信马[30] 归。

归来池苑皆依旧，太液芙蓉未央[31] 柳。

芙蓉如面柳如眉，对此如何不泪垂。

春风桃李花开日，秋雨梧桐叶落时。

西宫南内多秋草[32]，落叶满阶红不扫。

梨园弟子[33] 白发新，椒房阿监青娥[34] 老。

夕殿萤飞思悄然，孤灯挑尽[35] 未成眠。

迟迟[36] 钟鼓初长夜，耿耿星河欲曙天[37]。

鸳鸯瓦冷霜华[38] 重，翡翠衾寒谁与共[39]。

悠悠生死别经年，魂魄不曾来入梦。

临邛道士鸿都客[40]，能以精诚致魂魄[41]。

为感君王辗转思，遂教方士殷勤[42] 觅。

排空驭气[43] 奔如电，升天入地求之遍。

上穷碧落下黄泉[44]，两处茫茫皆不见。

忽闻海上有仙山，山在虚无缥渺间。

楼阁玲珑五云[45] 起，其中绰约[46] 多仙子。

中有一人字太真，雪肤花貌参差[47] 是。

金阙西厢叩玉扃[48]，转教小玉报双成[49]。

闻道汉家天子使，九华帐[50] 里梦魂惊。

揽衣推枕起徘徊，珠箔银屏迤逦[51] 开。

云鬓半偏新睡觉[52]，花冠不整下堂来。

风吹仙袂[53] 飘飘举，犹似霓裳羽衣舞。

玉容寂寞泪阑干[54]，梨花一枝春带雨。

含情凝睇[55] 谢君王，一别音容两渺茫。

昭阳殿[56] 里恩爱绝，蓬莱宫[57] 中日月长。

回头下望人寰[58] 处，不见长安见尘雾。

惟将旧物[59] 表深情，钿合金钗寄将去[60]。

钗留一股合一扇，钗擘黄金合分钿[61]。

但教心似金钿坚，天上人间会相见。

临别殷勤重[62] 寄词，词中有誓两心知。

七月七日长生殿[63]，夜半无人私语时。

在天愿作比翼鸟[64]，在地愿为连理枝[65]。

天长地久有时尽，此恨绵绵[66] 无绝期。

【注释】

[1] 唐宪宗元和元年（806年），白居易任周至（今属陕西）县尉。一日，与友人陈鸿、王质夫到马嵬驿附近的仙游寺游览，谈及李隆基与杨贵妃事。王质夫认为，像这样的事件，如无大手笔加工润色，就会随着时间的推移而消没。他鼓励白居易："乐天深于诗，多于情者也，试为歌之，何如？"于是，白居易写下了这首长诗。陈鸿同时写了一篇传奇小说《长恨歌传》。

[2] 汉皇：原指汉武帝。此处借指唐玄宗李隆基。唐人文学创作常以汉称唐。重色：爱好女色。倾国：绝色女子。

[3] "杨家"四句：蜀州司户杨玄琰，有女杨玉环，自幼由叔父杨玄珪抚养，17岁被册封为玄宗之子寿王李瑁之妃。后被唐玄宗看中，22岁时，玄宗命其出宫为道士，道号太真。27岁被玄宗册封为贵妃。白居易此谓"养在深闺人未识"，是作者有意为帝王避讳的说法。丽质：美丽的姿质。

[4] 六宫粉黛：指宫中所有嫔妃。古代皇帝设六宫，正寝（日常处理政务之地）一，燕寝（休息之地）五，合称"六宫"。粉黛，本为女性化妆用品，粉以抹脸，黛以描眉，此处指代六宫中的女性。无颜色：意谓相形之下，都失去了美好的姿容。

[5] 华清池：指华清池温泉，在今陕西省西安市临潼区南的骊山下。唐贞观十八年（644年）建汤泉宫，咸亨二年（671年）改名温泉宫，天宝六载（747年）扩建后改名华清宫。唐玄宗每年冬、春季都到此居住。

[6] 凝脂：形容皮肤白嫩滋润，犹如凝固的脂肪。

[7] 侍儿：宫女。

[8] 新承恩泽：刚得到皇帝的宠幸。

[9] 金步摇：一种金首饰，用金银丝盘成花之形状，上面缀着垂珠之类，插于发髻，走路时摇曳生姿。

[10] 芙蓉帐：绣着莲花的帐子。

[11] 金屋：据《杨太真外传》，杨玉环在华清宫的住所名端正楼。此言金屋，系用汉武帝"金屋藏娇"语意。

[12] "姊妹"句：杨玉环被册封贵妃后，家族沾光受宠。她的大姐封韩国夫人，三姐封为虢国夫人，八姐封为秦国夫人，堂兄杨铦官鸿胪卿、杨锜官侍御史，堂兄杨钊赐名国忠，官右丞相。姊妹，姐妹。列土，裂土受封。列，通"裂"。

[13] 可怜：可爱，值得美慕。

[14] 不重生男重生女：陈鸿《长恨歌传》云，当时民谣有"生女勿悲酸，生男勿喜欢""男不封侯女作妃，看女却为门上楣"等。

[15] 骊宫：指华清宫，因在骊山下，故称。

[16] 凝丝竹：指弦乐器和管乐器伴奏出舒缓的旋律。

[17] 渔阳：郡名，辖今北京市平谷区和天津市蓟州区等地，当时属于平卢、范阳、河东三镇节度使安禄山的辖区。天宝十四载（755年）冬，安禄山在范阳起兵叛乱。鼙鼓：古代骑兵用的小鼓，此处借指战争。

[18] 霓裳羽衣曲：舞曲名，据说为唐开元年间西凉节度使杨敬述所献，经唐玄宗润色并制作歌词，改用此名。乐曲着意表现虚无缥缈的仙境和仙女形象。天宝后曲调失传。

[19] 九重城阙：九重门的京城，此指长安。烟尘生：指发生战事。

[20] 千乘万骑西南行：天宝十五载（756年）六月，安禄山破潼关，逼近长安。玄宗带领杨贵妃等出延秋门向西南方向逃走。当时随行护卫并不多，"千乘万骑"是夸大之辞。乘，马车。

[21] "翠华"四句：李隆基西奔至距长安百余里的马嵬驿（今陕西兴平），扈从禁卫军发难，不再前行，请诛杨国忠、杨玉环兄妹以平民怨。玄宗为保自身，只得照办。翠华：用翠鸟羽毛装饰的旗帜，皇帝仪仗队用。百余里：指到了距长安一百多里的马嵬坡。六军：泛指禁卫军。当护送唐玄宗的禁卫军行至马嵬坡时，不肯再走，先以谋反为由杀杨国忠，继而请求处死杨贵妃。宛转：形容美人临死前哀怨缠绵的样子。蛾眉：古代美女的代称，此指杨贵妃。

[22] 花钿：用金翠珠宝等制成的花朵形首饰。委地：丢弃在地上。

[23] 翠翘：像翠鸟长尾一样的头饰。金雀：雀形金钗。玉搔头：玉簪。

[24] 云栈：高入云霄的栈道。萦纡：萦回盘绕。剑阁：又称"剑门关"，在今四川剑阁县北，是由秦入蜀的要道。此地群山如剑，峭壁中断处，两山对峙如门。诸葛亮相蜀时，凿石驾凌空栈道以通行。

[25] 峨嵋山：在今四川峨眉山市。玄宗奔蜀途中，并未经过此处，这里泛指蜀中高山。

[26] 行宫：皇帝离京出行在外的临时住所。

[27] 夜雨闻铃肠断声：《明皇杂录·补遗》："明皇既幸蜀，西南行。初入斜谷，属霖雨涉旬，于栈道雨中闻铃音与山相应。上既悼念贵妃，采其声为《雨霖

铃曲》以寄恨焉。"这里暗指此事。

[28] 天旋地转：指时局好转。肃宗至德二载（757年），郭子仪军收复长安。回龙驭：皇帝的车驾归来。

[29] 不见玉颜空死处：不见杨贵妃，徒然见到她死去的地方。

[30] 信马：听任马往前走。

[31] 太液：汉宫中有太液池。未央：汉有未央宫。此处皆借指唐长安皇宫。

[32] 西宫南内：皇宫之内称为"大内"。西宫即西内太极宫，南内为兴庆宫。玄宗返京后，初居南内。上元元年（760年），权宦李辅国假借肃宗名义，胁迫玄宗迁往西内，并流贬玄宗亲信高力士、陈玄礼等人。

[33] 梨园弟子：指玄宗当年训练的乐工舞女。梨园：唐玄宗时宫中教习音乐的机构，曾选"坐部伎"三百人教练歌舞，随时应诏表演，号称"皇帝梨园弟子"。

[34] 椒房：后妃居住之所，因以花椒和泥抹墙，故称。阿监：宫中的侍从女官。青娥：年轻的宫女。

[35] 孤灯挑尽：古时用油灯照明，为使灯火明亮，过了一会儿就要把浸在油中的灯草往上挑一点。挑尽，说明夜已深。唐时宫廷夜间燃烛而不点油灯，此处旨在形容玄宗晚年生活环境的凄苦。

[36] 迟迟：迟缓。报更钟鼓声起止原有定时，这里用以形容玄宗长夜难眠时的心情。

[37] 耿耿：微明的样子。欲曙天：长夜将晓之时。

[38] 鸳鸯瓦：屋顶上俯仰相对合在一起的瓦。霜华：霜花。

[39] 翡翠衾：布面绣有翡翠鸟的被子。谁与共：与谁共。

[40] 临邛道士鸿都客：意谓有个从临邛来长安的道士。临邛：今四川邛崃。鸿都：东汉都城洛阳的宫门名，这里借指长安。

[41] 致魂魄：招来杨贵妃的亡魂。

[42] 方士：有法术的人。这里指道士。殷勤：尽力。

[43] 排空驭气：指腾云驾雾。

[44] 穷：穷尽，找遍。碧落：指天空。黄泉：指地下。

[45] 玲珑：华美精巧。五云：五彩云霞。

[46] 绰约：体态轻盈柔美。

[47] 参差：近似，差不多。

[48] 金阙：金碧辉煌的神仙宫阙。叩：叩击。玉扃（jiōng）：玉石做的门环。

[49] 转教小玉报双成：意谓仙府庭院重重，须经辗转通报。小玉：传说是吴王夫差的小女。双成：传说中西王母的侍女。这里皆借指杨贵妃在仙山的侍女。

[50] 九华帐：绣饰华美的帐子。九华，重重花饰的图案。

[51] 珠箔：珠帘。银屏：饰银的屏风。迤逦：接连不断。

[52] 新睡觉：刚睡醒。觉，醒。

[53] 袂：衣袖。

[54] 玉容寂寞：此指神色黯淡凄楚。阑干：纵横交错的样子，这里形容泪痕满面。

[55] 凝睇：凝视。

[56] 昭阳殿：赵飞燕身为汉成帝宠妃时的寝宫。此借指杨贵妃住过的宫殿。

[57] 蓬莱宫：传说中的海上仙山。这里指杨贵妃在仙山的居所。

[58] 人寰：人间。

[59] 旧物：指杨贵妃生前与玄宗定情的信物。

[60] 寄将去：托道士带回。

[61] "钗留"二句：把金钗、钿盒分成两半，自留一半。擘，分开。合分钿，将钿盒上的图案分成两部分。

[62] 重：再，又。

[63] 长生殿：在骊山华清宫内，天宝元年造。"七月"以下六句为作者虚拟之词。陈寅恪在《元白诗笺证稿·长恨歌》中云："长生殿七夕私誓之为后来增饰之物语，并非当时真确之事实。""玄宗临幸温汤必在冬季、春初寒冷之时节。今详检两唐书玄宗记无一次于夏日炎暑时幸骊山。"所谓长生殿者，亦非华清宫之长生殿，而是长安皇宫寝殿之习称。如果真有这样的事，应发生在"飞霜殿"，但此殿不符合爱情的长久与火热，故当改为"长生殿"。

[64] 比翼鸟：传说中的鸟名，据说只有一目一翼，雌雄并在一起才能飞。

[65] 连理枝：两棵树的枝干连在一起，叫"连理"。古人常用此比喻夫妻相爱、永不分离。

[66] 恨：遗憾。绵绵：连绵不断。

【阅读提示】

《长恨歌》是白居易诗作中脍炙人口的名篇。在这首长篇叙事诗里，作者以精练的语言，优美的形象，叙事和抒情结合的手法，叙述了唐玄宗、杨贵妃的爱情悲剧。

全诗分为四个层次。首先，从安史之乱前，唐玄宗如何重色、求色，终于得到了"回眸一笑百媚生"的杨贵妃写起，反复渲染唐玄宗得贵妃后完全沉湎于歌舞酒色。紧接着写安史之乱，玄宗逃难，被迫赐死贵妃，写出了"长恨"的内因，也是悲剧故事的基础。其后着力描述杨贵妃死后，唐玄宗在蜀中的寂寞悲伤，还都路上的追怀忆旧，回宫后的物是人非之叹、缠绵悱恻的相思之情。最后，写玄宗派方士觅杨贵妃之魂魄，重在表现杨贵妃的孤寂和对往日爱情生活的忧伤追忆。诗人运用浪漫主义手法，上天入地，后终在虚无缥缈的仙山上让贵妃以"玉容寂寞泪阑干，梨花一枝春带雨"的形象再现于仙境。结尾以"天长地久有时尽，此恨绵绵无绝期"二句点明全诗的主题。

【思考与探究】

1. 试分析诗的主题及作者对唐明皇与杨贵妃爱情的态度。
2. 本诗为一首著名的长篇叙事诗，请分析本诗的叙事特点。

【相关资料链接】

安 史 之 乱

安史之乱是中国唐代玄宗末年至代宗初年（755年—763年）由唐朝将领安禄山与史思明向唐朝发动，同唐朝争夺统治权的内战，它是唐由盛而衰的转折点，也造成了唐代的藩镇割据。由于发起反唐者乃是以安禄山与史思明二人为主，故事件被冠以"安史"之名。又由于其爆发于唐玄宗天宝年间，也称天宝之乱。

安史之乱的经过大致如下。

1. 安禄山起兵

唐朝天宝十四载（755年），身兼范阳、平卢、河东三镇节度使的安禄山趁唐朝内部空虚腐败，以奉密诏讨伐杨国忠为借口，联合同罗、奚、契丹、室韦等民族组成共15万士兵，号称20万人在范阳起兵，天宝十五载（756年）占领长安、洛阳，进入安史之乱的最高峰。

2. 唐军抵抗

唐玄宗于同年接到安禄山反叛的消息，立即任命安西节度使封常清为范阳、平卢节度使，就地防御；紧接着任命他的第六子、荣王李琬为元帅，大将军高仙芝为副元帅，率领大军东征平叛。

3. 长安失守

天宝十五载（756年）正月初一，安禄山在洛阳称帝，国号大燕，把天宝十五载改为圣武元年。唐玄宗指挥失误，潼关失守，京师长安危急。

4. 长安陷落

756年六月长安陷落。唐玄宗于六月十三日凌晨逃离长安，抵达马嵬驿（今陕西兴平市西北）时发生兵变，后世称"马嵬之变"。其后太子李亨（唐肃宗）灵武称帝，遥尊唐玄宗为太上皇。

5. 安禄山被杀

进入长安的安禄山，对外失去了目标，叛军内部明争暗斗，分崩离析。唐肃宗至德二载（757年）正月初五夜，其子安庆绪与严庄、李猪儿串通，杀父安禄山，后自立为帝，年号载初。

6. 史思明复叛

安庆绪昏聩懦弱，范阳节度使史思明在唐军收复二京后以所领十三郡及兵八万归降于唐朝。然而，史思明与唐王互不信任，时隔半年后史思明复叛。在设计杀死安庆绪后引兵北还范阳，在范阳自称大燕皇帝，改元顺天，将范阳定为燕京。

7. 平定叛乱

上元二年（761 年），史思明为其子史朝义所杀，叛军内讧，势力分崩离析，一蹶不振。宝应元年（762 年），唐代宗继位，宝应二年（763 年）春天，田承嗣献莫州投降，史朝义部下李怀仙献范阳投降。年底，无路可走的史朝义，在石头城（今河北唐山东北）附近林中自缢，历时七年多的安史之乱终于平息。

第五课　牡丹亭·游园

【作者简介】

汤显祖（1550 年—1616 年），字义仍，号海若，又自号清远道人，晚年又号茧翁。明代杰出的戏曲家、文学家，有"东方的莎士比亚"的美誉。江西临川人。出身书香门第，早有才名，21 岁中举人，34 岁进士及第。先后任南京太常博士、詹事府主簿、礼部祠祭司主事等。因上奏《论辅臣科臣疏》，激烈抨击朝政，谪广东徐闻典史。后调任浙江遂昌知县，抑制豪强，关心民生疾苦，颇多善政。因对朝政的腐败和统治者的不满，49 岁弃官还乡，致力戏曲创作。晚年潜心佛学，淡泊守贫，思想比较消极。

其代表作有《牡丹亭》（一名《还魂记》）及《紫钗记》《南柯记》《邯郸记》，合称"玉茗堂四梦"，又名"临川四梦"。诗文有《玉茗堂全集》等。

【原文】

剧中人物：杜丽娘（旦）春香（贴旦）

【绕池游】（旦上）梦回莺啭，乱煞年光遍[1]。人立小庭深院。（贴）炷尽沉烟[2]，抛残绣线，恁今春关情似去年[3]？

【乌夜啼】（旦）晓来望断梅关[4]，宿妆残。（贴）你侧着宜春髻子[5]，恰凭栏。（旦）翦[6]不断，理还乱，闷无端。（贴）已分付催花莺燕借春看。（旦）春香，可曾叫人扫除花径？（贴）吩咐了。（旦）取镜台衣服来。（贴取镜台衣服上）"云髻罢梳还对镜，罗衣欲换更添香[7]。"镜台衣服在此。

【步步娇】（旦）袅晴丝[8]吹来闲庭院，摇漾[9]春如线。停半晌、整花钿[10]。没揣菱花[11]，偷人半面，迤逗的彩云偏[12]。（行介·步香闺怎便把全身现！

（贴）今日穿插的好。

【醉扶归】（旦）你道翠生生出落的裙衫儿茜[13]，艳晶晶花簪八宝填[14]，可知我常一生儿爱好[15]是天然。恰三春好处[16]无人见。不提防沉鱼落雁鸟惊喧，则怕的羞花闭月花愁颤。

（贴）早茶时了，请行。（行介）你看：画廊金粉半零星，池馆苍苔一片青。踏草怕泥新绣袜，惜花疼煞小金铃[17]。（旦）不到园林，怎知春色如许！

【皂罗袍】原来姹紫嫣红[18]开遍，似这般都付与断井颓垣。良辰美景奈何天[19]，赏心乐事谁家院[20]！恁般景致，我老爷和奶奶再不提起。（合）朝飞暮卷[21]，云霞翠轩；雨丝风片，烟波画船。锦屏人忒看的这韶光[22] 贱！

（贴）是[23] 花都放了，那牡丹还早。

【好姐姐】（旦）遍青山啼红了杜鹃[24]，荼蘼外烟丝醉软[25]。春香呵，牡丹虽好，他春归怎占的先[26]！（贴）成对儿莺燕呵。（合）闲凝眄[27]，生生燕语明如翦[28]，呖呖莺歌溜的圆[29]。

（旦）去罢。（贴）这园子委是观之不足也。（旦）提他怎的！（行介）

【隔尾】观之不足由他缱[30]，便赏遍了十二亭台是枉然。到不如兴尽回家闲过遣。

（作到介）（贴）开我西阁门，展我东阁床。瓶插映山紫[31]，炉添沉水香[32]。小姐，你歇息片时，俺瞧老夫人去也。（下）

【注释】

[1] 梦回：梦醒。乱煞年光遍：使人眼花缭乱的春光到处都是。

[2] 贴：贴旦，扮演次要女角。此指丫环春香。炷：焚烧。沉烟：借指名贵的熏用香料沉香。

[3] 恁（nèn）：为什么。此句意为：为什么今年的春情比去年的浓呢？

[4] 梅关：今江西大庾岭，宋代起在此设梅关。

[5] 侧：歪。宜春髻子：古时立春日，妇女剪纸为燕形，上贴"宜春"二字戴头上。此指一种发髻式样。

[6] 翦：同"剪"。

[7] "云髻"二句：引自唐代薛逢《宫词》。

[8] 袅（niǎo）晴丝：细长柔软的游丝在晴空中飘荡。袅，飘忽不定。

[9] 摇漾：摇摆荡漾。

[10] 花钿：古代妇女鬓发边的饰物。

[11] 没揣：不料，不在意。菱花：镜子。

[12] 迤（tuō）逗：挑逗。彩云：此指漂亮的发髻。全句意思是，想不到镜子偷偷地照见了她，害得她羞答答地把发髻也弄歪了。

[13] 翠生生：形容色彩鲜艳。出落：显得。茜（qiàn）：旧时常指称大红色。

[14] 艳晶晶：光彩夺目。花簪八宝填：意为镶嵌有多种珍宝的发簪。填，镶嵌。

[15] 爱好：爱美。

[16] 三春好处：喻自己的年轻美貌。

[17] "惜花"句：见《开元天宝遗事》："天宝初，宁王至春时，于后园中纫红丝为绳，密缀金铃，系于花梢之上，每有鸟鹊翔集，则令园吏掣铃索以惊之。盖惜花之故也。"此句意为因惜花驱鸟而频频扯铃，使小金铃痛得要命。

〔18〕姹（chà）嫣（yān）红：姹、嫣，本为形容女性娇艳之词，此指各色娇艳的鲜花盛开。

〔19〕奈何天：愁闷无聊，伤心抑郁的生活。

〔20〕谁家：哪一家。两句意为：大好春光明媚，美丽景物宜人，我杜丽娘却生活在愁闷无聊之中；赏心悦目、快意当前，又在哪一家庭院呢？

〔21〕朝飞暮卷：语本王勃《滕王阁诗》"画栋朝飞南浦云，珠帘暮卷西山雨"。

〔22〕锦屏人：幽居深闺中的女子，此为丽娘自称。忒（tè）：太。韶光：春光。

〔23〕是：一切。

〔24〕啼红了杜鹃：到处开遍了红色的杜鹃花。

〔25〕烟丝：游丝。

〔26〕"牡丹虽好"二句：牡丹虽美，但它开花太迟，怎能占春花中第一呢？句中隐含了杜丽娘对自己的美好青春在深闺中虚度的幽怨和伤感。

〔27〕凝眄（miǎn）：注视。

〔28〕生生：形容清脆的鸣叫声。明：明快。翦：同"剪"。此句形容燕语声明快清脆。

〔29〕呖呖：形容声音清脆流利。溜的圆：形容莺声婉转圆润。

〔30〕缱（qiǎn）：留恋。

〔31〕映山紫：杜鹃花的一种。

〔32〕沉水香：沉香。

【阅读提示】

《牡丹亭》是我国戏曲史上非常优秀的一篇剧目，全剧共五十五出（场），"游园"是第十场"惊梦"这一出戏的前半部分。前三支曲子通过对人物动作、神态以及景语的点染，刻画人物游园前的心理活动：先写孤院深锁，见春光撩人，叹韶光虚度，再写对镜梳妆，顾影自怜，欲行又止，神思摇荡。后半部分写待到了花园，却惊叹满园春色，淡淡幽怨、莫名惆怅，是"闷"与"乱"，是"理还乱，闷无端"，感叹"奈何天""谁家院"。游园激发杜丽娘青春的苦闷，她第一次发现自己的生命和春天一样美丽，但她"年已及笄，不得早成佳配"，虚度青春的苦闷使她满腹的幽怨。

剧目的这一部分，对杜丽娘这个古代深闺中女子的苦闷和青春觉醒后的烦恼，描摹得生动细腻，杜丽娘的感情起伏非常大，从青春意识觉醒所带来的烦闷到对爱情的朦胧渴望，以及这种渴望无法实现的无奈，从赞美春天到伤感春天，再到伤感个人命运的无法把握。杜丽娘复杂的内心世界，展现了明清妇女共同经历的心理挫折及对人生幸福的憧憬。反映了在宋明理学等封建礼教桎梏下一个青年女子的苦闷，揭露了扼杀人性的封建礼教对青年人的摧残和造成的不幸，表现了作者鲜明的反封建精神。

【思考与探究】

1. 试分析杜丽娘的人物形象。
2. 试分析"游园"中杜丽娘心理变化的特点，对表现主题所起的作用。
3. 仔细阅读，说说本文的艺术表现方法上有什么特点。

【相关资料链接】

元杂剧与传奇

元杂剧：又称"北杂剧""北曲""元曲"，我国戏剧的一种。它是以唐宋以来的话本、词曲、讲唱文学为基础，在金院本和说唱诸宫调的直接影响之下，融合各种表演艺术形式而成的一种戏剧形式。在内容上主要以揭露社会黑暗，反映人民群众疾苦为主，是当时广大人民群众十分喜爱的文艺形式之一。

传奇：元末明初时有人将元杂剧称为"传奇"。明清时期在宋元南戏基础上，吸收元杂剧的特点发展成了一种比较成熟的戏曲形式，盛行于明中叶到清中叶。

元杂剧和传奇的区别如下。

（1）体制规模上，元杂剧是一本四折，明杂剧虽然有所突破，但规模仍然不大；传奇称为"出"或"场"，规模一般几十出之多，远远超过杂剧。

（2）曲调曲牌上，杂剧一折用一套曲子，同一宫调；传奇不受限制，可以借宫犯调，兼可采用北曲。

（3）演唱方式上，元杂剧一人主唱，其他角色只有对话和动作；传奇每个角色都可演唱，且演唱方式多样。

（4）角色行当上，明传奇比杂剧的划分更细致，故事内容更丰富。